山口組東京進出第一号

「西」からひとりで来た男

藤原良

太田出版

はじめに

あらゆる人々が開拓者精神を失えば、その時点で社会の進歩や発展は急速に途絶えてしまう。

現代における「開拓者」として、アップルを世界的企業に成長させたスティーブ・ジョブズや、EV開発、宇宙事業の展開、X（旧ツイッター）の買収などでその名を轟かせているイーロン・マスクなどを例に挙げることに、異論を唱える人は少ないだろう。

彼らとスケールは違えども、あなたの町や会社などの身近な世界にも、「開拓者」や「先駆者」として人知れず活躍している人は幾人も存在している。

心理学や哲学において、ひとりの人間の中には多様な人格があると言われている。深層心理や隠れた才能などは個人の中にある豊かな人間像のひとつと言い換えることもできる。

私たち一人ひとりが開拓者精神を意識することで、自分自身の深層意識を突き動かし、己の隠れた才能を呼び覚ます端緒となることもあるだろう。

しかし、この仕組みに気が付かずに偏見や固着観念に縛られ、自分で視野を狭めて胸中に己を閉じ込めしまい、せっかくのチャンスを無駄にせざるを得ないこともある。目前に現れたチャンスは、自分一人のためにあるだけではなく、周囲の人や環境を幸福に導く機会だったかもしれないのにだ。

時に開拓者精神は、保守的な立場からすれば新しい道を開くことだけに特化した危険な理想主義でしかないと批判されることもある。スティーブ・ジョブズがアップルを創業する前、相棒のスティーブ・ウォズニアックと共に最初に「開発」した商品が、世界中に電話が無料でかけられるという違法の装置だったことはよく知られている。イーロン・マスクの現代一般社会の常識や基準を逸脱した数々の奇行については今更言うまでもないだろう。

本書ではあえて、世間から「悪」とされる暴力団の世界に目を向けている。戦後の山口組による全国侵攻では、抗争により多くの命が失われ、国内の治安機関や行政機関に大きな影響を与えた。それらが称揚されるべきものではないことは言うまでもない。ただ、その後の勢力地図が変容するような激しい混乱の渦中で、〝東京進出第一号の男〟として自らの血肉を削ったひとりの男がいたことはあまり知られてはいない。

彼がその活動を経て「悪性」から「善性」としての隠れた才能を引き出し、周囲を劇的な変化に導いていく様を通じ、再び人々の心に息づく開拓者精神を揺さぶることができれば幸いである。

山口組東京進出第一号
「西」からひとりで来た男

目次

はじめに……3

第1章 東西ヤクザ成立史

縄張りという概念……12
暴力団の誕生……19

第2章 東京進出

名もなき菱の代紋……28
大阪戦争の痛手……34

竹中正久……37
如何なる時も前に出る……41
竜崎祐優識という極道……44
ハワイの暗黒街……47
拳銃の履歴……54
殺られた時がヤクザの寿命や……56

第3章 単槍匹馬

拠点選び……64
みかじめ……67
ヤクザの聖地……71
ブティック山口組……76
隠し拠点……79
諜報活動……86
暴力団専門金融……92

竜崎はシマ荒らしか？……99
想定内の危険……105
おかしな子分……109

第4章　死ぬ者と生き残る者

竹中正久の四代目就任……114
早期回収……117
回収率100％の方法……122
暗殺計画……126
竜崎を狙ったヒットマン……132
邂逅　狙う者と狙われる者……139
四代目を失った山口組……147
新たなシノギ……149
山一抗争の行方……153
竹中組との決別……159

五代目山口組時代……160
喰い合う身内……169
国会議員への貸し付け……173

第5章 転機

三代目山健組組長保釈計画……184
消えた2億円……187
竜崎も殺れ……189
時代の流れ……193

第6章 日向の活動へ

更生とソフトボール……198
おわりに……204

カバー写真：Jakub Krechowicz-stock.adobe.com

本書には一部に現在では不適切な表現がありますが、題材の当時の時代背景を考慮して、そのまま収録しております。

本書は、暴力団や反社会的集団による犯罪・暴力行為自体を肯定したり助長するものではありません。

第1章　東西ヤクザ成立史

縄張りという概念

暴力団の縄張りとは、その団体が誇示する勢力範囲のことで、法的な権限なく特定の土地や領域において排他的に自己の権利を主張し、他団体（別の暴力団など）の進入を拒むテリトリーを指す。

暴対法第九条では『正当な権原がないにもかかわらず自己の権益の対象範囲として設定していると認められる区域』と定義されている。

暴力団の前身である博徒は区域内で賭博運営の総括権を独占し、費場所代やテラ銭と呼ばれる利益を得て、お祭りなどに店を出す的屋（テキヤ）であれば『庭場』と呼び、区域内での露店営業権を独占していた。

時代が流れ、彼らが暴力団化してからは、主張する縄張り内で、主に飲食店や企業からみかじめ料やあいさつ料と呼ばれる金銭の搾取、企業恐喝、違法薬物の密売、違法賭博を開帳するなど『シノギ』と呼ばれる非合法ビジネスを展開した。

主に関東では、縄張りのことを『シマ』ともいい、他団体のシマでシノギをする際は『借りシマ』『貸しシマ』と言って、そこのシマ持ちの暴力団に一定のレンタル料を毎月支払うのがルールとなっている。

しかし、関西を中心とした西日本の暴力団には関東のような縄張り意識はない。そもそも縄張りという考え方がないので貸し借りのルールもない。これは関東と関西における暴力団が経てきた歴史の違いによるところが大きい。

暴力団やアウトローと言われても、一般社会から完全に隔離されているわけではない。彼らも一般社会と共存しており、社会環境の変化の影響を受けざるをえない。

例えば江戸時代では江戸を中心とした関東は幕府による直接的な支配の影響力が強く、暴力団の前身と言われる博徒や的屋と呼ばれたヤクザたちも一般庶民同様に江戸幕府の強力な支配下にあった。

特に江戸は江戸城を中心とした都市防衛意識が高く、大規模な都市改造事業も頻繁に施工されていた。また江戸市中の人口増加による市街地の拡大に伴なって、それまであった寺町や門前町が変化して下町と呼ばれる庶民の生活エリアが広がるにつれて町筋が改められ、人別帳（戸籍帳のようなもの）によっても厳しく区分け管理がなされていた。

　こうして管理が徹底された区画整理が行き届いた江戸の町筋に沿って、ヤクザたちも自然とハッキリとした縄張りを持つようになった。

　ヤクザの誕生は、飛鳥時代から奈良時代あたりと言われている。中国大陸から双六とサイコロが伝わり、畿内を中心に貴族の間でサイコロ博奕（ばくち）が広まった。

　その賭場での下働き衆が『博徒』のはじまりだった。そして彼らは『八九三（ヤクザ）』と博奕における負け札の数字を使って呼ばれるようになった。これは賭場に出入りする貴族たちが下働き衆と自分たちとを区別するために名付けた蔑称であったと言われている。

　このサイコロ博奕が全国に広がるにつれて、各地域で八九三と呼ばれる博徒集団が次々と誕生し、近代の暴力団まで続く系譜が生まれることとなった。

　八九三が生まれた当時、政（まつりごと）と呼ばれた臣民統治は、天皇や公家の責務だった。各集落の失業率を抑え、安定的な生産率の向上と治安維持を確保するため、天皇の指揮のもと、各集落の無職者たちに賭場での下働きの仕事を与えていった。

　近年では暴対法（1992年施行）の影響もあって、暴力団事務所自体の開設も困難になり、新しい事務所では神棚や提灯などを置かずに一般の事務所風となったため、これらを見かけることも珍しくなったが、以前は当たり前のように事務所内にあったのは、前述のように成り立ちから天皇や神道の影響があったからである。

八九三という名が差別的名称だったことから、その後も様々な分野で地位の低い職業に従事する者たち、無職者、遊び人たちのことを総じて八九三と呼ぶようになった。

博奕が日本国内に浸透するにつれて、貴族のみならず一般庶民も賭博に興じるようになり、各集落の農民たちが農作業をしなくなったりするなど、その中毒性と治安悪化が問題視されたことで、日本書紀によれば689年に賭博が朝廷によって禁止行為とされ、その後の日本では賭博行為を禁止・違法とする流れが決まったとされている。

しかし、禁じられた賭博の人気は衰えることなく、ヤクザたちが各地で非公式に開帳し、博徒とも呼ばれるようになったヤクザたちは、政に背く庶民の味方という性格を持つ『日陰の商売人』という道を進むようになった。

時には『花会』と呼ばれて、神社のお祭りの日だけは官民共に暗黙の了解で賭場が開帳されることも多々あった。

こうしてヤクザたちは日本各地で活動していたが、この頃のヤクザには縄張りという概念はまだなかった。

各集落は朝廷から派遣された守護や地頭、その後の武家幕府、戦国大名たちによって領土支配がなされており、ヤクザが縄張りを主張できる状況ではなかった。また縄張りを誇示しようとしても、現在のように住所すらなかった時代、かつ自分たちの縄張りを明確に示す目印も特になかったことから縄張り意識は持ちがたかった。

そうしたヤクザにとって縄張りという概念が明確に生まれたのは、区画整理が進んだ江戸時代あたりからとされている。

しかし、それも関東のヤクザたちに限った話で、幕府の管理や影響力が薄かった西日本のヤクザたちにとっては、縄張りという考え方は無縁であった。

これが明治維新後の近代化が進んだ日本においても、関東ヤクザは縄張りを主張し、関西ヤクザは遥か昔のヤクザのまま、縄張りを持たずにヤクザ稼業を営む習慣が続く背景となった。

江戸のような人口密集エリアでは縄張りを決めることで不要なトラブルを避け、それぞれが商売を営む方法が適しており、関東圏外ではそこまで厳格な縄張りが求められるほどの環境でもなかったことがこの差を生んだともいえる。そしてこの縄張りという概念が今の時代の暴力団でも抗争の発火点となることが多い。あえて言うなら、縄張り意識とは、関東ヤクザのＤＮＡに深く組み込まれている因子なのだ。

江戸で人夫や人足を集める際は、整理された各区域・各町内にいる組頭がまとめ役としてその務めを果たすが、地方集落では組頭の代わりに昔ながらの友人、知人、親戚などの人間関係によって人づてを駆使して人夫や人足を集めていた。双方のやり方を見比べれば、内容によっては組頭主導であれば集まりが早かったり、人づてであれば給料の交渉がしやすかったりと、それぞれの良し悪しがある。

日陰の商売人であるヤクザもそれぞれが生きる土地に根付く庶民文化の影響を色濃く受けることから、西日本のヤクザたちには人づてで何事にも取り組むという手法が一般化していった。

今もなお西日本の暴力団が縄張り意識を持たずに人づてや付き合いを大事にして物事を進めていくのにはこういった背景がある。

アウトロー系の映画でよく耳にするセリフ「テメェらウチのシマ内で勝手なマネすんじゃねェ」に憧れる関西の暴力団員は多く、古くから神戸を拠点に活動をしているある組織の幹部は東西のヤクザ文化の違いを認めつつ「東京の暴力団はカッコええよな」とつぶやいた。

東京であれば、映画のような啖呵セリフも決まるが、縄張りの概念がない関西や西日本ではそのようなことを言おうものなら「なに言うてんねん」と笑われるだけだ。

「縄張りを死守する」「縄張りに命を掛ける」という関東ヤクザ特有の理念も、西日本の業界としてはさっぱりである。ひと言で暴力団と言っても、東西では文化の成り立ちが違うため、暴力団としての性格がまるで異なるのだ。

江戸幕府による都市の改造と管理によって、関東のヤクザ社会では縄張りの境界線が明確化した。開府から256年も続いた江戸時代という安定した時流に乗って全国のヤクザ社会も安定と発展を迎え、関東を中心に現代でもその名を広く知られる幡髄院長兵衛、大前田英五郎、新門辰五郎、大場久八といった有名侠客たちが生まれ、明治維新から現在でもその系統や縄張りの基盤が続いている。彼ら有名侠客の出現を起源として、ヤクザは江戸時代から発生したとする見方もある。

当時は『出入り』と呼ばれる喧嘩沙汰が繰り返されていたが、それは現代の暴力団同士の縄張り争いとは性格が異なり、個人的な事情がきっかけとなることが多く、賭場で子分が口論の末、斬られたので、その報復として組織単位の喧嘩に発展したとか、馬鹿にされたので決闘を申し込んでケリをつけたなどが主であった。縄張り内での利権を巡る抗争が頻発したのはさらに後のことである。

暴力団の誕生

縄張りというアウトロー経済圏をそれぞれが構築し運営していた関東のヤクザ社会だったが、第二次世界大戦による東京への大規模な攻撃によって街が灰燼に帰したことでそれぞれの縄張りが一度リセットされた。そのような戦後の混乱期の復興が進む中で、縄張りを再構築しようとする老舗ヤクザ組織と、戦災孤児や世間からはじかれた若いアウトローたちを中心に構成された「愚連隊」、「国際ギャング団」、「闇市マーケット組織」と呼ばれるアウトロー勢力が対峙することとなった。

こういった新勢力は、老舗組織が持つ縄張り内で自由気ままにシノギ活動を行なった。敗戦後の混迷は政治力や警察力だけでなく、日本におけるあらゆる支配力を低下させて、混乱が日常化していた。

関東のヤクザ社会も縄張りを主張できるだけの支配力が弱まり、新興のアウトロー勢力によって無軌道な略奪行為などが街中で堂々と横行するようになった。新興勢力からすれば、それは生きるための行為であったが、老舗ヤクザ組織からすればそれは『縄張り荒し』であった。

愚連隊を含めた新興勢力は飲食店や企業に対するみかじめ料やショバ代、挨拶料と呼ばれる金品の不正搾取を繰り返し、老舗ヤクザ組織と縄張りを巡る対立や争いが目立つようになった。

この対立が戦前の組織としてのプライドをかけた『侠（おとこ）の喧嘩』から利権を奪い合う『暴力団抗争』へと変わっていく節目となった。そして、関東の裏社会では、利権と暴力行為が密接に絡み合い、老舗ヤクザ組織も暴力性を増していくようになった。

こうして戦後の混沌の世界の中で変化したヤクザ組織は極端な暴力を交渉の手段として、覚醒剤密売をはじめとしたあらゆる非合法的な経済活動に手を広げていった。その結果、1955年頃には警察から『暴力団』と呼ばれるに至った。

この暴力団という総称がマスコミによって世間に拡散、認知され、同時に暴力団同士が、縄張り内の利権を奪い合う暴力団抗争も増加した。

明治時代以前のヤクザには博徒や的屋だけではなく、旗本の子息でありながら不良行為を繰り返した旗本奴もいれば、鳶、火消し、口入れ屋、飛脚、港の労働者である沖仲士などそれぞれ仕事を持ちつつヤクザとしての活動をしていた者が多く存在し、その中には無償で社会奉仕をしていた者も少なくなかったという。

ヤクザや暴力団を「職業」として考えず、暴力団という存在をヤクザの歴史的大河で派生した支流として捉えると、戦後生まれた暴力団という言葉はヤクザそのものを指すものではなく、暴力を背景に非合法ビジネスを繰り返す一定の集団に限定されるべき存在として考えることができる。しかし大規模な抗争や暴力による恐怖により『ヤクザとは暴力団のことである』という解釈が根付いてしまったのも事実である。

法務省が2007年に公表した『企業が反社会的勢力による被害を防止するための指針について』や2004年の広島からはじまり2011年には47都道府県すべてで施行された暴力団排除条例によって『反社会的勢力』という呼び方が広く使用されるようになったため、暴力団はヤクザとは異なる反社会的勢力の代表格として認識されるようになった。

飛鳥時代の頃から続くヤクザたちの組織が戦後の混迷を経て暴力団と呼ばれ、およそ50年後、新たに登場した反社会的勢力という枠組みによって、本来の世間と一線を引きながら日陰の商売人として市民に寄り添うヤクザ組織と、力を誇示し市民を畏怖させる暴力団が少しずつ背離していく形になりつつあるといえる。

そして、戦後の混乱期を脱してもなお、関東の暴力団は古くから続く縄張り意識が根強く、それが元で現在でもトラブルが起きてしまうことが多い。

1980年代、東京・池袋にて縄張りを二分していた博徒系の住吉連合会幸平一家（名称当時）と的屋系の極東関口会（名称当時）との間で『十年戦争』と呼ばれる縄張り争いが勃発。博徒系親睦団体の関東二十日会と的屋系親睦団体の関東神農同志会との調停協議に至るまで抗争状況は悪化し、住吉会（名称当時）と極東会（名称当時）とが親戚縁組をすることで一旦は和解に至ったが、その後も両者間での暴力事件が多発した。

2001年3月、栃木県内、東京都新宿区内と渋谷区内で、極東会と松葉会の間で縄張りを巡る抗争事件が発生。15件以上もの銃撃事件を引き起こした。

2019年4月、東京都台東区にあるJR鶯谷駅前にて、関東を拠点に活動し、鶯谷駅周辺も縄張りとする関東関根組渡辺一家三代目総長が、この地域の風俗店関係者からみかじめ料を搾取していた住吉会系組員に対して「ここはうちのシマだ」と牽制して暴行を加えて警視庁に逮捕された。

住吉会も関東古参の暴力団であり、関東特有の縄張り意識を持つ団体であり、所属している組員たちも縄張りの境界線を熟知しているはずだが、それでも縄張りを巡って争いが勃発した。それほどまでに関東の暴力団同士の縄張りは極めて細かく分けられており、その境目を見誤ればたちまち火の手があがるほど繊細な扱いが求められるのである。

2020年1月には、六代目山口組良知二代目政竜会（名称当時）が、静岡県内にあった本部事務所を東京都足立区内のつくばエクスプレス六町駅近くに移転する計画を進めていたところ、この地域を縄張りとする老舗組織・松葉会榎戸一家の組員が移転予定先の建物にダンプカーで突っ込み、建物を破壊した。

六代目山口組と松葉会は元々良好な関係を保っており、良知二代目政竜会がこの地に本部移転する件については、事前に松葉会サイドから理解が得られた上で進めていたが、榎戸一家は反対姿勢を強く示し、縄張りを死守したいという思いからダンプ特攻を実行。運転していた組員は事件後に警察へ出頭し警視庁に逮捕された。六代目山口組は関西の組織でありながらも、関東ヤクザの精神を潔く受け止めて即日和解した。

関西の暴力団によくあるパターンをあげると、縄張り意識がないだけに関西の暴力団が賭場を運営する際は、開帳しやすい場所を選んだ。

例えば、このビルではA組が賭場を開帳していて、隣のビルでは別のB組が賭場を出しているというのが当たり前の風景だった。そして両者はお隣さん同士持ちつ持たれつで、お客さんも両方の賭場を自由に行き来して博奕に興じた。縄張りがないぶん、ひとつのエリアに別の組の賭場が存在するのも当たり前となる。

みかじめ料については、人間関係を重んじるので、ある飲食店のオーナーが元々知人だったのでその飲食店からみかじめ料を貰うといった具合だ。決して縄張りによるものではなく、この店はA組にみかじめ料を渡すが、真隣の店は別の人間関係でB組にみかじめ料を渡しているという状況が普通となる。

西日本の暴力団業界ではこの状況に疑問を持つ人はいない。暴力団員も一般人も「昔からこうやから」といったわけで、関東のような解釈をして、縄張り荒らしで争い事が起きることはなかった。しかし、そうは言っても西日本でも暴力団同士の抗争が起きることはあった。その主な原因は昔ながらの個人事に端を発する喧嘩沙汰が多かった。

西日本の暴力団業界が関東と際立って異なる点は『個別の利権による棲み分け』が行き渡っていることである。

例えば、みかじめ料については各人の人間関係を尊重するが、そのエリアでの土建業に関する利権はA組のもの、風俗業はB組が、覚醒剤関係はC組が独占するという、いわば、経済的領域での取り決めがなされることが西日本の暴力団業界では一般的だ。

関東が土地や住所にまつわる縄張りを基本とする『領土支配』であるのに対して、関西を中心とした西日本では土地は共有しながらそこに存在している各産業ごとに分けられた『経済支配』という考え方が一般的である。いわば、関東は国境分けされており、関西はグローバル化されているといった状況なのだ。

関西や西日本ではこのように棲み分けされているため、陣取り合戦のような領土争いが起きることは珍しく、個人間の諍いや各々が重んじる人間関係のもつれが組織的な抗争に発展していくパターンが多い。抗争になれば命を懸ける状況が続く。そのため抗争時の動きを見ればその暴力団の性格が色濃く表れる。2020年に東京で起きたダンプ特攻事件などは東西組織の性格を物語る事例のひとつと言える。

東と西それぞれに根を張る組織は、ひとくくりに暴力団と言ってもその経済活動の獲得プロセスや思想がまるで異なると考えたほうが良い。

西日本でも縄張りという言葉を使う場合があるが、それはあくまでも個人の言い回しによるところであり、意味合いとしては獲得した経済利権を縄張りと例えて言うだけであり、関東のように領土的な意味合いではない。

第2章　東京進出

名もなき菱の代紋

神戸には資本力、戦闘力ともに日本で最大の暴力団・山口組が本拠を構えている。百年以上もの歴史を持つこの組織は、そもそも大正時代の神戸港界隈で沖仲士をしていた数十人のヤクザたちが集まって誕生した小さな組だった。

1946年、中興の祖とされる田岡一雄が三代目組長に就任してから、山口組は度重なる抗争を繰り返して、その勢力範囲を全国各地に拡大させた。

山口組による全国侵攻の先駆けとされる徳島県内で勃発した小松島抗争(1956年)も、組員同士の面子を巡る個人的な争いが発端だった。

後に『喧嘩の山口組』と呼ばれるほどの戦闘力を誇った山口組はその後も全国に侵攻していったが、常に利権拡張を目的とした抗争だけを起こしていたわけではなかった。ただ「喧嘩に勝ちたい」という精神で抗争を繰り広げていた部分もある。

元三代目山口組二次団体幹部の沢木氏(仮名)は「喧嘩になれば、助っ人(応援部隊)で行くでしょ。理由（喧嘩の原因）なんか知らんでも、行った以上は喧嘩なんやから勝たんとアカンでしょ。それがあっちこっちで次々と起こったわけや。それで勝ちまくった結果、西日本に山口組の二次団体やその系列が沢山できたんや。そういう行動が全国に広まっていったんやな」と振り返った。

当時は高度経済成長の真っ只中で、様々な産業が各地で続々と生まれていた。パチンコ店の進出も新興産業の代表的な光景だった。

機械仕掛けのパチンコは、それまでの博奕とは違った新しいギャンブルだった。すでに大正時代から現代のパチンコの原型ともいえる機器が世間に広まっており、第二次世界大戦中の日本では不要不急の産業として全面禁止にされたものの終戦後に復活した。1948年の風営法制定により許可営業方式になると空前のパチンコブームが訪れた。そして当時の暴力団業界も、この新興産業を手中におさめようとした。

ある西日本の県は古くからA組という暴力団の拠点だった。そこに県外のパチンコ店が新店をオープンした。そのパチンコ店のオーナーと山口組幹部が旧知の仲だったことから、そのパチンコ店はA組にではなく山口組にみかじめ料を渡していた。

その結果、A組の地元には山口組の人間が頻繁に出入りするようになった。A組は昔ながらの博奕をシノギとし、山口組はパチンコ関連をシノギとしてシノギの棲み分けがなされていたのでバッティングすることはなかったが、A組のほうは、縄張りという概念はなくとも余所者が地元をウロつくことを目障りに感じつつあった。そして余所者である山口組とA組の組員間で個人的な小競り合いが始まり、やがて組織的な抗争に進展してしまった。

「喧嘩なんやから勝たんとアカンでしょ」という精神の山口組は抗争に挑み続けた。抗争に参加した沢木氏は「あそこ（三代目山口組二次団体）が勝ったとなれば、こっち（自分の組）も勝って評判をあげな、やるからには頑張らんとってなるでしょ？ 言うたらもう競い合いみたいな雰囲気もあったよね」と当時の組内の空気感を明かした。

関東のような縄張りというセーフティゾーンがなかっただけに、西日本では常に何かあればそこがたちまち戦場に変わる時代が続いた。その状況下で頭角を現した山口組は西日本各地で『喧嘩の山口組』と呼ばれるようになった。

大正時代に港湾労働者たちの集団から始まった山口組は、当時の暴力団にしては珍しく、多くの組員が違法薬物や違法賭博のみに頼ることなく、港湾、海運、運送、土建などの正業を持ち、ほかの組織と比べて経済的に安定した組員も多かった。そのような状況もあってか関東圏で見受けられた縄張りの利権争いよりも、暴力団と呼ばれている以上は必ず『喧嘩に勝たなければならない』という一念を達成したいがための抗争が多かったようにみえる。

1950年代における山口組は各地の組織に比べれば、江戸時代から続く老舗組織でもなく、外部の評価としては単なる『小さな喧嘩屋集団』という認識で占められており、全国侵攻を開始していたとはいえ、知名度はまだまだ「神戸に勢いのある組があるらしいな」「最近、神戸にあるナントカいう組が西日本で喧嘩を繰り返しているようだ」と言われているに過ぎなかった。

1960年代、関東の老舗暴力団・住吉会の元最高顧問で、この当時『東京・赤坂の天皇』と呼ばれた浜本政吉ですら、古くから親交があった菅谷政雄（元三代目山口組若頭補佐）との雑談で「神戸にいるボンノって奴が凄い勢いなんだってな。どんな奴なんだい？」と話していたそうである。ボンノとは菅谷本人のニックネームであった。

このように西日本各地で山口組による喧嘩の勝ち星が目立ちはじめ、徐々にその名が全国に浸透していた時期であったが、関東では山口組の名をまだ知らない暴力団員たちも大勢いた。

暴力団員は誰もが当然のように暴力団情勢に詳しい研究家と思うのは間違いだ。また山口組が起こす抗争が常に全国レベルの報道がされるほどのバリューもなかったので、世間に知らされることなく抗争の当事者のみが山口組の恐ろしさに直面するという状況も多かった。

全国的な知名度で言えば、同じ神戸を本拠地としていた本多会の方が当時は有名だった。すでに数千人規模の大組織となり、各都道府県に兄弟分や傘下団体、関連企業を多く持っていたため、暴力団業界だけではなく実業界でもその名を広く知られていた。

そんな状況下にあった1964年、警視庁と各県警本部が全国各地に点在していた暴力団壊滅を目指し、第一次頂上作戦が展開された。

西日本各地での抗争事件数が多い山口組も広域暴力団のひとつに指定されたが、その担当は山口組の本拠地がある神戸を取り締まる兵庫県警のみで、当時の山口組はまだ全国組織としての扱いを受けてはいなかった。

1972年、関東の興行界で力を誇っていた浅草・山春一門の紹介が縁で、関東の老舗暴力団・稲川一家（名称当時）で理事長を務めていた石井隆匡と三代目山口組若頭の山本健一が五分兄弟盃を交わした。また、のちに稲川会専務理事となる趙春樹と当時の三代目山口組若頭補佐・益田佳於も五分兄弟となり、稲川会と山口組が正式な親戚関係を結んだことで山口組の名がようやく関東でも知られるようになった。

関東の稲川会と親戚関係になったとはいえ、山口組は全国侵攻で関東に駒を進めることはなく、関東で山口組系組員が個人的な喧嘩を起こしても、それが山口組による組織的な抗争や侵攻に進展することはなかった。

当時、三代目山口組若中伊堂組舎弟後藤組（名称当時）が、稲川会の賭場で揉め事を起こした際は親戚としての配慮から山本健一若頭が直々に喧嘩を中止させたほどであった。

こうして西の団体として全国に名を知らしめ、山口組の存在は代紋である山菱が多くの暴力団の知るところとなっても、山口組を構成するおよそ100の直系団体個々の知名度は依然として皆無で、直系団体の代表格である山本若頭が率いた山健組の名ですら関東ではまだ無名状態が続いていた。

大阪戦争の痛手

1975年、山口組は大阪府内の賭場で大阪市西成区に本拠を構えていた二代目松田組組員との喧嘩がこじれて抗争を起こした。いわゆる大阪戦争である。

この抗争においてもこれまで同様、山口組による猛攻撃が展開されたが、その内部事情はそれまでとはやや違っていた。

治安当局による第一次頂上作戦の影響で、山口組を支えていた多くの古参幹部たちがすでに逮捕・引退・解散に追い込まれており、人材的にも資金力的にも、ひどく弱体化していたのだ。

三代目山口組組長である田岡一雄自身も、暴力団の首領であることが災いして、それまで手掛けてきた港湾・海運・運送・芸能事業からの撤退を余儀なくされていた。

豊富な人脈を持つ田岡組長なら、ただ全事業から撤退をするのではなく、例えば知人などをダミー社長として雇って、表の企業の首を変え、陰の経営者となって莫大な事業収益を得ることもできただろう。現代であればそのような手法で生き延びようと考える者も多いと思われる。しかし、田岡組長は治安機関に徹底的に追い込まれてもそういった手段を選ばなかった。

田岡組長が手掛けていた会社の社員には戦争で身寄りがなくなった人や戸籍が持てなかった人など、時代の狭間で不憫な思いをしていた者たちが大勢いたことはあまり知られていない。田岡組長は古来から息づく任侠精神のもと、彼らの生活を支え、正業を通じて一般社会へと溶け込む道を築いた。

頂上作戦によって彼らと社会の繋がりを絶たれることがないように、自ら潔く経営権を手放し、公明正大な企業として存続できる道を選択した。田岡組長が希代の大親分と言われるのにはこういった理由もあるのである。

山口組の組員たちは田岡組長の指導のもと、正業を持つ者も多かったが、各人の収入源は自分と家族の生活を維持できるレベルに過ぎず、当時の山口組が展開していた全国侵攻や抗争時に掛かる軍資金をカバーできるほどではなかった。それらの原資は田岡組長の経済力によって賄われていた。つまり、田岡組長が莫大な収益を確保していた各事業から一斉に撤退するということは、山口組にとっては組織運営上、明らかにマイナス要因だった。その結果、山口組は経済的に酷く困窮した。

さらに田岡組長は持病の心筋梗塞が悪化しただけでなく、狭心症などの健康問題を抱えており、また山口組ナンバー2で『日本一の子分』と呼ばれ、大阪戦争の陣頭指揮を執っていた山本若頭は保釈中という状況だった。

トップ2人の活動が制限されてしまったため、抗争ができる状態ではなかったが「喧嘩なんやから勝たんとアカンでしょ」という組内の共通認識が抗争激化に拍車をかけ、結果として逮捕者など長期の服役者が続出していた。

治安当局の監視による資金源の制約、組員の逮捕により、この頃から組内で『武闘派』と『穏健派』の二大派閥が生まれ、抗争時における組内体制が見直されるようになった。

特に武闘派の筆頭格で竹中組を率いていた三代目山口組若頭補佐・竹中正久（肩書当時）は、漸減しつつある兵力と資金力の補填策を計画した人物だ。

竹中正久

この竹中正久という極道は、数々の武勇伝と共に『荒ぶる獅子』『反権力の猛者』との異名を誇り、その勇猛ぶりは後に数々の書籍や映画で取り上げられるほどだった。

治安当局や敵対する組織にとっては要注意人物であり、イケイケの暴れん坊というイメージで語られることが多かった。しかし、山口組の幹部職である若頭補佐に就任し、様々な親分と付き合いができるまでは真面目に貯蓄をしていた実直で周到な性格だったという。

この竹中正久が、その後の山口組をけん引する存在となっていく。

大阪戦争が続くなか、兵員はギリギリ持ち堪えることができたとしても、抗争に勝ち続ける組にするためには、頂上作戦によって潰された資金源の再構築が最重要課題だった。

縄張りという概念のない関西の組織である山口組の将来を見据えた竹中正久が、首都・東京に資金源を求めたのはごく自然な流れであり、この決断が山口組の将来を大きく動かした。

第一次頂上作戦によって東京の暴力団も広域指定された松葉会、住吉会、北星会、日本国粋会など老舗組織が次々と解散し、衰退の一途をたどっていたが、カネと人が集中している東京をシノギ場としていた各組織は瞬く間に息を吹き返して、解散直後から水面下で活動を再開させて各団体の名跡を復活させていた。

竹中正久はこのような復活劇が可能であったのも東京だからなせる業だと考えた。竹中にとって、東京は実に魅力的な場所に見えただろう。東京にパイプを作って豊富な資金を獲得したい。それが竹中をはじめとした竹中組幹部たちの悲願となるのも当然だった。

しかし、彼らは考えさせられた。関西と関東では暴力団の歴史が大きく異なる。特に東京は昔から暴力団同士の縄張り争いが熾烈な場所だ。山口組よりも古い歴史を持ち、業界に名が通った老舗暴力団が、それぞれ明確な縄張りを護持しており、縄張り荒らしは決して許さない。

各組織が加盟している関東二十日会（名称当時）という調整機関もある。もしも余所者が縄張りを荒らせば「シマを死守する」となって、容赦ない攻撃を仕掛けてくるだろう。

抗争になった場合、西日本なら直ちに助っ人の応援部隊を出せても、神戸からはるか遠方の東京へ助っ人を送ることは容易ではない。カネも時間も倍以上は掛かってしまうだろう。そもそも東京に君臨している各老舗暴力団組織と戦えるだけの体力が大阪戦争を続けていた当時の山口組にはなかった。だからこその東京進出だったわけだが、壁は高く堅牢であった。

大阪戦争が長期化していた1978年、京都府内の飲食店で田岡組長が二代目松田組系の刺客に銃撃された。

田岡組長への攻撃をきっかけに、山口組は二代目松田組に対して壮絶な報復をはじめ、大阪戦争は熾烈を極め、二代目松田組は山口組の一方的ともいえる波状攻撃によって、2ヵ月足らずで12名が射殺、数十名が重軽傷を負う状態となった。

そして、治療中の田岡組長と山本若頭の協議後、報道陣を神戸の田岡邸に招き、勝利宣言を表明したことで終戦となった。

その後、二代目松田組も終結宣言を大阪府警に提出し、大阪戦争は完全終結した。二代目松田組はのちに松田連合と改名したものの、1983年に解散した。

大阪戦争終結後も田岡組長は病院での療養生活を余儀なくされ、山本若頭は抗争の罪により保釈が取り消され、持病の肝臓病を悪化させ医療刑務所に収監されてしまう。

山本若頭という現場の柱を失った山口組の動脈は硬化状態に陥り、また、山本若頭から絶大な信頼を得ていた竹中正久も大阪戦争の罪で、神戸刑務所に約2年間の服役を余儀なくされて社会不在となっていた。

関東の暴力団抗争では、抗争終結のプロセスとして国家間の戦争と同様に、敗者が賠償金や和解金を勝者に対して支払うことが多い。しかし大阪戦争終結時に山口組は「喧嘩をしてカネを獲るのは一番の恥。人間の命はカネでは買えません」として賠償金や和解金を一切求めず、任侠道を重んじる田岡イズムを貫いたわけだが、第一次頂上作戦で弱体化していた山口組の台所事情は、大阪戦争による損失も追加され、さらなる困窮状態に陥っていた。

如何なる時も前に出る

神戸刑務所で2年の刑期を終え、1979年に復帰した竹中正久は山口組の内部状況をみて、あらためて東京進出の必要性を強く感じた。

しかし山口組の危機は続く。

1981年7月。田岡組長が急性心不全により68歳で死去。続いて服役中だった山本若頭が持病悪化による刑の執行停止で大阪市内の今里胃腸病院に移送されたが、それから2週間足らずの1982年2月に56歳でこの世を去ってしまった。

ほぼ同時期に組長と若頭を亡くした山口組は、それまで筆頭若頭補佐を務めていた山本広を組長代行とし、若頭補佐であった竹中正久を『山本健一の遺志を継ぐ者』として若頭に昇格させて新体制をスタートさせた。

時代は戦後日本の高度経済成長の頂点であるバブル時代に突入しようとしていた。

内閣府の経済社会総合研究所によると、日本におけるバブル景気の時期は1986年から1991年頃とされているが、実際には、それよりもやや早い1980年代に入った東京では、バブル経済による好景気の恩恵が現れはじめていた。

神話とまで呼ばれた土地価格の急激な高騰により、東京では山手線内の土地価格の総額でアメリカ合衆国全土を買い上げることができるとまで言われていた。

バブル景気の凄まじさは不動産取引だけに限らない。土地価格の高騰に牽引され、東京経済圏全体で急速な膨張がはじまっていた。この勢いは全国に拡大していったが、バブル景気の大恩恵を受けている首都・東京の勢いは群を抜いていた。

1982年に山口組ナンバー2の若頭に就いた竹中正久の東京進出計画を実行に移すにはまさに絶好のタイミングだった。

東京がバブル景気で華やかになればなるほど、稼ぎ場として、表のビジネスマンのみならず、東京各地を縄張りとして持つ老舗暴力団の懐も潤い、それまで以上にシノギ場である『縄張りの死守』に固執するのも当然だった。そこへ余所者が入れば関東の組織全体で集中攻撃をしてくるのは想像に難くない。

東京都内では、住吉連合会（名称当時）と極東関口会（名称当時）の間で、縄張りを巡る

『十年戦争』と呼ばれた熾烈な暴力団抗争が1983年から繰り広げられ、戦いは九州の雄・道仁会と住吉連合会の抗争にも飛び火し、バブル好景気が産み出す華やかさの裏で、東京の暴力団業界は激しい戦場と化していた。

1989年にも住吉連合会（名称当時）と全日本寄居連合会が、縄張り争いから都内及び福島県内で銃撃を含む抗争を繰り広げた。

マスコミが報道した事件以外にも関東圏では縄張りを巡る抗争が水面下で多発していた。1980年代に入り、山口組の組員数も準構成員を含め約1万5000人はいるとも言われていたが、関東を拠点とする住吉会は準構成員を含め組員数は約1万人を超え、極東会は約2000人以上、松葉会も2000人以上いた。どの組の組員たちも、縄張り意識が強いうえに東京という土地を知り尽くした強者ばかりだった。

山口組と友好関係にあった稲川会の人数を除いても、関東の暴力団調整機関である関東二十日会に加盟している義人党や交和会や的屋組織の団結機関である関東神農同志会も加えると、いくら『喧嘩の山口組』であっても東京という遠方の地で四面楚歌となる可能性もあった。しかも当時の山口組は治安当局の取り締まりと大阪戦争、組長と若頭の死去が重なり疲弊していたのに対して、関東の組織はバブル好景気の恩恵にいち早くあやかって、資力、兵力ともに申し分ないほど強力になっていた。

どう見ても東京進出は山口組にとって不利でしかなかったが、『如何なる時も前に出る』のが山口組魂だった。

竜崎祐優識(りゅうざきゆうじ)という極道

竹中正久の舎弟で佐藤邦彦という極道がいた。

彼はボンノこと菅谷政雄が率いた菅谷組で若頭補佐を務め、1981年の菅谷組解散に伴なって竹中組舎弟となっていた。彼は竹中組の金庫番、のちに山口組の金庫番とも呼ばれるほど財務力に秀でた人物であった。また日本を代表する大手サーカス団の興行にも尽力し、全国興行だけではなく海外公演も成功させるなど優秀な興行師としての顔もあった。

三代目山口組組長代行補佐に就いていた加茂田重政とも兄弟分の仲で、彼のことを「おい、重政」と呼べるのは佐藤ぐらいであった。

この佐藤の下に竜崎祐優識（りゅうざきゆうじ）という極道がいた。まだ30代半ばの若い極道だった竜崎は、当時の神戸界隈の暴力団員としては珍しく大卒であった。

「大学生でも暴力団員と互角に喧嘩をするためには自分も暴力団員になればいい」との発想で大学在学中に渡世入りし、現役の暴力団員として大学を卒業したという異色の経緯を持つ。

東京方面では、暴力団引退後に俳優活動などで知られた元安藤組組長の安藤昇が法政大学在学中から愚連隊を率いて渡世入りしたことで『学生ヤクザ』の始祖と言われ、彼の影響で東京には学生ヤクザや大卒暴力団員の姿がちらほらといたが、関西方面では学生ヤクザはまだほとんど見かけない時代であり、神戸界隈では竜崎がその先駆者だった。

その頃の暴力団員は、パンチパーマや丸刈りで派手なスーツがトレードマークだったが、竜崎は長髪にジーパン姿、暴力団員でありながらバンドでギターを弾くという変わり種だった。

暴力団員が長髪にジーパンでバンドを組んではいけないという決まり事はないが、周囲の暴力団員たちからすれば、竜崎の存在はとても珍しかったのは確かだ。

その頃の竜崎は北野異人館街がある神戸市北野町でサーフショップを営んでいた。また
その店内の一角ではビンテージジーンズや婦人雑貨の販売も手掛けていた。
1970年代に第一次サーフィンブームが訪れ、日本でもサーフィンが若者文化を飾る
ようになったとはいえ、暴力団員がサーフショップを営むことは実に稀だった。
当時の若手暴力団員のシノギと言えば公営ギャンブルを扱ったノミ屋、トルエンなど違
法薬物の密売屋、違法売春クラブ、スナック営業などが定番だったが、竜崎はそういった
分野には一切手を出さず、長髪をなびかせジーパン姿でサーフショップを営んでいた。
竜崎のことを現役暴力団だとすぐに見抜けた人間は多くはなかっただろう。背中には刺
青すらなかった。
当時の関西で墨を入れることはとても簡単だった。まるで美容師が無料のカットモデル
を探すかのように、若手彫り師たちの練習台になれば無料で彫って貰うことができた。
若手彫り師もかなりいたので、彼らのお陰で墨を無料で入れたのは暴力団員のみならず
カタギ衆にも大勢いた。女性が墨を入れることも決して珍しくなかった。
ところが竜崎は「墨なんて体に悪いし、いいことなんてありません。彫るのに時間を取

られますし、それなら商売に時間を使ったほうがいい」と考えていた。

また竹中正久も墨を入れていなかった。竹中自身は「墨は体に悪いし、カネも掛かるし、ええことは何もない」と述べており、竜崎はその精神を真っ直ぐに受け継いでいたとも言える。

ハワイの暗黒街

竜崎は神戸における学生ヤクザの走りでありながら、その見た目とは反対に筋金入りの極道者であった。

竜崎は山口組内で若手の『拳銃屋(チャカや)』として知られていた。抗争に次ぐ抗争を繰り広げていた山口組の各組員たちにとって『道具』と呼ばれた拳銃は必需品だった。どの組員たちもこぞって品質のいい拳銃を求めた。

裏社会で流通している拳銃は中古品も多く、手入れが粗末な品物も多かった。撃鉄の劣化で打撃が弱く弾が出ない、発弾できても銃身が粗末で弾が真っ直ぐ飛ばない、ハンマー方式の拳銃であれば排莢のさいに弾が詰まる粗悪品もあったという。もっと酷い物になると、弾の不具合と銃の部品劣化のために、撃とうとしたさいに拳銃自体が暴発(破裂)して使用者の指が吹き飛んでしまうケースもあった。いわゆる『鳴らないチャカ』である。

1980年代当時はソビエト連邦が長年に渡って生産していたソ連軍の正式拳銃トカレフが通常生産を終了しており、コピー生産を引き継いだ中国製が、日本の裏社会で密売されることが多かった。

この時期のトカレフは、生産コスト節約のため、安全装置すらない設計で大量生産されていたので粗悪品が多数存在していた。朝鮮人民軍から流れて来る六十六式改造型トカレフも出回っていたが、こちらも粗悪品が多かった。

数ある派生モデルの中でも、中国製五十四式トカレフがよく売買されていた。価格は一挺あたり80万~200万円の間で、弾丸は1発1万円が相場であった。値幅があるのは、密売品であるため時期によって流通量に差が生じるからである。

当時の新卒初任給が月約20万円の時代に、安い時期でも一挺80万円はするので、決して安い買い物ではなかった。しかも買った物が粗悪品とあってはカネの無駄となる。ヒットマンを務める際は使用する拳銃の品質が良くなければいい仕事はできない。

その点、竜崎が扱う拳銃は手入れが行き届いており、どれも高品質で評判がよかった。竜崎は中国製トカレフよりもアメリカ製コルトやスミス&ウェッソンの拳銃を多く取り扱っていた。

コルトは1836年に世界初の連射可能なリボルバーを開発した老舗ブランドで、ブローニング（自動式拳銃）の開発も手掛けるなど、銃器業界のパイオニアとして世界中から信頼されているメーカーである。スミス&ウェッソンはコルトの競合であり、両者はお互いをライバル視しながら常に高品質の拳銃を提供し続けていた。

コルトは1911年から約70年間に渡ってアメリカ軍の主力拳銃の地位を独占するほどの勢いを誇っていたが、1970年代後半からイタリア製ベレッタを代表としたヨーロッパ製の高品質な拳銃の人気に押され、アメリカ国内における警察などの公的機関や民間市場からコルトやスミス&ウェッソンが大量に放出されるようになった。アメリカ国内の銃砲店では3割減で安売りされることも珍しくなかった。

ここに商機を見出した竜崎は日本の拳銃屋たちが中国や北朝鮮から流れて来る粗悪品の

トカレフを主力商品としていた時代に、いち早くコルトやスミス&ウェッソンの密売を開始した。

その仕入れ先は主にアメリカのハワイであった。ハワイの州都・ホノルルのカカアコ地区にあるチャイナタウンのマウナケアストリートの路地裏ではすべての物が手に入った。

1850年代、中国大陸からハワイにやって来た中国系移民たちによって作られたチャイナタウンは、増加する一方の中国系移民流入を嫌ったアメリカ政府が中国人排斥法を施行したため不法移民者が増え、いかがわしい飲み屋や売春宿が乱立して町の治安が低下した。ドラッグディーラーやホームレスたちの溜まり場と化し、昼間でもひとりでは歩けないほど危険なエリアに変貌した。

中でもマウナケアストリートは1970年代以降も荒廃したチャイナタウンの様相を色濃く残しており、違法ビジネスの巣窟として知られるようになった。

地元住民たちの努力によって、このエリアが安全な観光地に生まれ変わったのは、2000年以降であり、竜崎がコルトやスミス&ウェッソンの仕入れで訪れていた時代はまだまだ暗い勢いを留めていた。

そんなチャイナタウンのブラックマーケットには、日本の裏社会へ商品を売る日系バイヤーが多く存在し、竜崎は彼らの紹介でアメリカ人バイヤーと直接取引ができるようになっていた。

マウナケアストリートの一角には、通称『ジョン』というアメリカ人が立っていた。ジョンはひとりではなく、日によって人が入れ替わるが、誰であってもそこにいればジョンはジョンであって、共通の目印は高価なレイバンのサングラスだった。彼らは取り締まりから身を守るためにチームで動いていた。

ジョンは、ホノルル警察で摘発時に押収したブツを組織的に横流しする警官たちの窓口役だった。彼らは銃器だけではなく、違法薬物、偽パスポートとあらゆる違法品を取り扱っていた。ある日のジョンは、いつもの場所に白バイに跨った状態でいることもあったという。

竜崎はジョンから主に拳銃を仕入れていた。通りの角で挨拶をし、キャッシュを渡すと拳銃を隠してある場所が記されたメモを渡された。

隠し場所は、商業施設のゴミ箱であったり、飲食店のトイレのタンクの中と、メモで指示された場所に行くと密封された密売拳銃がそこに隠してあった。

「もし私がザ・暴力団のようなパンチパーマにイレズミだらけやったら、ジョンも警戒したんでしょうけど、長髪にジーパン姿でしょ。

たんなるサーフィン好きの兄ちゃんぐらいにしか思うてなかったんでしょうな。それに私も警戒されんように、嘘も方便で自分のことを英語ができんセカンドジェネレーション・ジャパニーズ（日系二世）やと言うてましたからね。

今じゃ絶対通らん話でも、あの頃はそれで何とかなってましたよね」（竜崎）

世界的にも銃社会として知られるアメリカなら、わざわざ密売に頼らなくても正規の銃砲店でバーゲン品の拳銃を買い求めることもできるが、竜崎が警察官の密売グループから仕入れていたのにはある理由があった。

彼らに頼むと密輸の手配までしてくれたという。

せっかく仕入れた拳銃も日本へ密輸するとなると、それは決して簡単なことではない。だが、ジョンという警察官の密売グループに頼めば『密輸のために彼らが買収した航空便』も教えてくれたのだった。密輸可能な航空便の確認ができた時点で、竜崎は仕入れた拳銃を航空便に乗せるためのパッケージングに取り掛かった。隠し場所はサーフィンのロングボードのボディである。ボードの底を剝がし、剝き身になったボディを縦列に削り、そこに拳銃をハメ込み、隙間を埋めて再びボードの底を張り直す。砕けないように釣り糸で補強するほどの念の入れ方だった。サーフボード1枚につき、4挺の拳銃を隠すことができたという。

それを大阪府内で営んでいるサーフショップ宛に航空便で送る。これを月1ペースでやったという。

こうして竜崎はハワイで1挺10万〜30万円で仕入れた拳銃に1挺150万円の売値を付けて売り捌いた。客筋は主に暴力団抗争に明け暮れる山口組系の暴力団員たちだった。拳銃の試し撃ちは無料サービス。弾丸は15発サービスセットで、竜崎が提供するアメリカ製拳銃は山口組系組員たちの間で飛ぶように売れた。

竜崎が記憶しているだけでも、ゆうに1000挺以上は売ったそうである。

暴力団抗争時における銃撃戦やヒットマン行為が事件化され、テレビのニュースに流れるたびに「もしかして俺が売ったチャカかな？」と考えたという。

やがて竜崎は拳銃以外にも裏社会で通称パイナップルと呼ばれる手投げ式手榴弾やナガモノと言われるライフル式マシンガン、サイレンサーやロケットランチャーも取り扱うようになっていた。

※本書の取材時点では、一連の事案についてはすべて時効が成立している。銃刀法は最大でも25年で時効。密売と密輸はそれぞれ最大10年で時効を迎える。また憲法第三九条の法の不遡及も認識されたい。

拳銃の履歴

大阪戦争が起きた1975年以前の山口組による抗争で有名なものは、全国侵攻の発端とされる小松島抗争（徳島県）、鳥取抗争（鳥取県）、夜桜銀次事件（福岡県）、岐阜抗争（岐阜県）、松山抗争（愛媛県）、紫川事件（北九州市）、沖縄抗争（沖縄県）であり、山口組は西日本各地で継続的に大規模抗争を起こしていた。

大阪戦争直後も、第二次松山抗争、姫路事件（兵庫県）と大規模な抗争事件を起こしており、小競り合いの発砲事件は日常茶飯事で、竜崎が提供する拳銃はまさに引手数多の状況だった。

そういった抗争で使用された拳銃の処分についてだが、一度使用したモノは証拠隠滅のため破棄してしまうのが山口組の習慣だった。拳銃は一発発射する度に犯罪歴が加算されていく。弾頭に刻まれた施条痕、薬莢、硝煙による発射残渣など、拳銃を使用すれば様々な証拠が残るため、一度使用した拳銃は警察捜査の網に掛かっていると認識するのが常套である。

仮に使用済みの拳銃を再利用した場合、前回の罪を背負った状態でシゴトをこなさなければならなくなる。使用者が同一人物ならまだしも、A氏から譲り受けた使用済み拳銃を再利用した2人目のヒットマンB氏は、A氏の罪も被らなければならなくなる可能性が生じる。それを避けるために使用済みの拳銃は躊躇なく破棄するのだ。

そうなると、拳銃の購入については同じ人物が何度も買うこともある。5人の拳銃購入者がいたとして、5人イコール5挺売れたとはならず、10挺以上は売れてしまうのが拳銃密売業界の常識である。

拳銃密売について竜崎は重い罪悪感を抱いてはいなかった。彼の脳裏には「銃が人を殺すのではない。人が人を殺すのだ」という全米ライフル協会の標語が常にあったという。

むしろ粗悪な拳銃を高値で売りつけ使用者を危険な目に遭わせるぐらいなら、高品質で信頼性のある拳銃を供給し、使用者を危険や暴発事故から守るほうがましだと考えていた。ここでいうところの使用者とは、言うまでもなくヒットマンとなる山口組系の組員たちのことである。

殺られた時がヤクザの寿命や

ところで、組の者たちを危険から守ると物といえば、防弾チョッキである。防弾性のある素材が織り込まれたチョッキを着込むことで弾から体を守るわけだが、品物によっては防刃や防爆にも有効で、抗争時には需要が高まる必須アイテムだ。

ある時、竜崎が竹中正久に防弾チョッキを勧めたことがあった。

「こんなもん着たら、ワシは日本一の笑いモンになるわい。殺られた時がヤクザの寿命や」

とたしなめられたそうである。

こういったエピソードもあって、竜崎は事故の少ない高品質の拳銃だけが仲間を守るという考え方に至ったという。

竜崎がハワイなどに出向き、北野町のサーフショップを留守にしている間、店を預かっていたのは組員ではなく、事務員として雇っていた『おばちゃん』だった。

このおばちゃん、竜崎の正体については薄々気付いていたようだったが、竜崎が極道風を吹かせないので、竜崎のことを「社長」と呼び、いつもハワイのお土産を楽しみにしていて留守中の出勤に対して割増手当までつくと素直に喜んでいたそうだ。

よくいるタイプの暴力団系社長ならば、アルバイトや従業員たちを暴力の恐怖でねじ伏せ、薄給で長時間労働や危険業務を強要するが、竜崎は決してそういう真似はしなかった。

「うちは大企業ではありませんでしたが、まずは他所で働くより、うちで働いたほうが得やなって従業員に思ってもらうことが、経営者としてやるべきことと違いますかね？　今は分かりませんけど、当時の山口組関連会社はみんなこんな感じやったと思いますよ」

（竜崎）

この男、紛れもなく暴力団員である。しかし、会社経営者としてどうあるべきかの目線も持とうとする姿勢に、三代目山口組で貫かれた精神が当時の若い組員にまで生きていたのだと感じられてならない。

山口組イズムを受け継ぐ若き竜崎は、山口組若頭であった竹中正久や竹中組幹部の佐藤邦彦からの信頼も当然に厚くなっていった。

「弱い者やカタギさんイジメをする奴（暴力団員）もどっかにはおったんでしょうが、山口組いう組は、喧嘩の山口組って言われとるぐらいですから、弱い奴相手の喧嘩に勝ったってなんの自慢にもならんでしょ？　弱きを助け強きをくじくのが山口組ですわ。

山口組の組員一人ひとりがそうでないとその精神が嘘になります。だからと言って意地を張り過ぎるんでもなく、必ずしもそうやなかったとしても自分もそうなりたいと思ってやっていくことが重要やと思います」（竜崎）

まだ当時は暴力団であっても『任侠道』を実践できる環境が残っていたのかもしれない。

しかし、決して平和な時代ではなかった。抗争に次ぐ抗争が繰り返された修羅の時代であった。そんな時代だったからこそ、相互扶助の考えが強い任侠精神が求められていたのではないだろうか？　もしくは一人の人間として自分自身がどうあるべきかを考え追求する姿勢が当たり前にあった時代だったからだろうか？

そして１９８２年のこと、当時の山口組にとってはまだ『完全敵地』であった首都・東京への竹中組東京部隊として、竜崎に白羽の矢が立てられた。

敵地に赴く東京部隊のメンバーは、竜崎ただひとりだけであった。たったひとりとは言え、竜崎は、竹中組の『東京責任者』という重責を担うこととなった。

「抗争の時は、大勢で駆けつけることもありましたけど、これは抗争ではなく、組の資金源開拓のためですから。カネは使えませんでしょ。派手なことをしたらサツにも睨まれて本末転倒でしょ。仲間たちも大阪戦争やなんやらでようけ懲役に出とって、その面倒見のカネもけっこう掛かってましたからね。そういう軍資金を新しく作らなあかんと。

目的が目的だけに菱の代紋と竹中の看板の重みも感じてましたけど、行き先は東京で敵だらけですから。知っとるもんはひとりもおりませんしね。でも経済がよくなってきてたのは知ってましたから、まずは自分ひとりで隠密行動でやるしかないと思いましたよね」

（竜崎）

こうして竜崎が『山口組の東京進出第一号』となった。

過去、ひとりで言葉も分からぬハワイへ乗り込み、警察官の密売グループと渡り合って密輸ルートを開拓し、長期に渡って大量の拳銃を日本国内で販売した功績が、彼をこの大役へと導いたのだった。

ちなみに、この山口組の東京進出第一号の人物については諸説ある。

三代目山口組時代の1962年頃、田岡組長配下の益田佳於が山口組の関東拠点として、神奈川県横浜市中区に益田組を設立したとされている。これは横浜の五代目綱島一家・鶴岡政次郎親分と田岡組長がすでに兄弟分だったことが機縁しての設立であり、いわゆる『東京進出』とは無関係であった。

一般的に山口組が本格的に東京進出したのは、五代目山口組時代の二率会との八王子抗争（1990年）後からとされている。

この抗争では約10日間のうちに二率会と五代目山口組の間で約20回もの銃撃事件が発生し、多数の死傷者が出た。表向きには二率会と五代目山口組は条件ナシの五分の和解をして抗争は終結したが、実際は二率会に対する五代目山口組からの一方的な猛攻撃に終始した抗争事件だった。

その後、二率会は解散。縄張りの一部が五代目山口組と親戚付き合いをしていた稲川会傘下に引き継がれたことから山口組系組事務所が八王子市内にも新設された。

これこそ山口組の東京進出とする見方が強いが、八王子抗争の数年前から五代目山口組内三代目山健組で舎弟頭をしていた金澤組の金澤庸一組長が、すでに東京都港区六本木内に金澤組東京事務所を構えており「西の中野（中野太郎五代目山口組内中野会会長）・東の金澤」と呼ばれていたことから、この出来事を山口組東京進出第一号と見なす者もいる。しかし、その時期はいずれも竜崎上京後のことであった。

また三代目山健組の桑田兼吉組長が二代目山健組で若頭補佐をしていた1983年以降から東京・赤坂へよく遊びに来ていたことから、これを東京進出第一号と言う人もいるが、これもまた竜崎上京後のことだった。

時系列から考えてみても、山口組内で誰よりも先に『開拓者』として東京へ進出した極道は、長髪にジーパン姿の竜崎祐優識であったと言える。

しかし、その行動については山口組はもとより竹中組の資金源開拓という性質上、秘匿性が高かったことから、結果として竜崎の東京進出は隠密行動となり、警察当局は竜崎の初動をまったく察知できず、都内を根城としていた老舗暴力団組織も気が付くことなく、竜崎の東京進出は今日に至るまで知られることはなかった。

だが、ここにハッキリと竜崎祐優識こそが『山口組東京進出第一号の開拓者』であったと明記しておく。また、山口組における『初の東京責任者』でもあった。これこそが山口組正史に並べられる事実である。

第3章　単槍匹馬（たんそうひっば）

拠点選び

1980年代前半の東京はバブル好景気の恩恵が広まりはじめ、街中では日夜を問わず札束が飛び交っているような状況であった。

日経平均株価は1万円程度だったものが、過去最高値となる3万8000円超えを目指して急騰しつつあり、不動産価格も上昇、増大する個人資産、公共投資の拡充で金融機関の資金量は90%増に至り、社会全体が消費経済を好み、世界でも類をみないほどの贅沢で華やかな時代が訪れようとしていた。

バブル前に月の純利が50万円程度だった個人商店が好景気を迎え、同じ商売をこなすだけで月の純利が400万円以上に達するという凄まじい時代だった。特に東京はその膨張ぶりが顕著であった。

竜崎は経済人ではなかったが、東京のバブル景気を仕留めて、警察による第一次頂上作戦と大阪戦争で痛手を負った山口組、そして竹中組を経済的に蘇らせて発展させることを主な任務としていた。

この東京進出にあたって、まずは出城となる拠点を決めなければならなかった。今のようにインターネットで情報を容易に検索できる時代ではなかったので、東京についての情報を掻き集めるのもひと苦労だった。

この時にサーフショップで働いているおばちゃんが大奮闘した。竜崎が店を畳んで東京に行くことを知ったおばちゃんは、自分が職を失ってしまうのにもかかわらず「世話になった社長に恩を返したい」と、東京の親戚や友人たちをフル活用して都心のサーフショップや婦人雑貨店の情報を提供してくれたのだった。

求めていた情報とは違うものの、おばちゃんの一生懸命さに竜崎は清々しさと有難みを覚えた。

かつて竜崎は渡世上の兄貴分である山下会会長の山下昌明に「ヤクザは暴力団とも呼ばれるようになってますけど、いったいヤクザとは、極道とはどうあるべきなんでしょうか？」と問うたことがあった。

すると山下は「余所の暴力団からは徹底的に嫌われろ。竜崎いうのに関わったら必ずややこしい目に遭わされるって思わせるんや。思わすだけやなしに実際にそうしたらええ。徹底的にな。

せやけどカタギさんには絶対にそういうことをしたらアカン。むしろカタギさんとは仲良くするんや。人気があればなお良しや」と答えた。

竜崎はこれを兄貴分からの教えとして肝に銘じていた。事務のおばちゃんの奮闘ぶりを目のあたりにしたとき「山下の兄貴が言っていたのは、もしかしたらこういうことなのかな」と感慨深くなった。

その頃の東京は眠らない街と呼ばれた新宿歌舞伎町がアジアナンバーワンの歓楽街として有名だった。新宿界隈は、古くは国粋会や極東会が縄張りとしていたが、国粋会が縄張りを他組織にレンタルしたり、国粋会から分裂した二率会が新たに縄張りを主張した結果、住吉会、松葉会、稲川会などの系列団体が入り乱れるようにして歌舞伎町の随所に組事務所を開いていた。

歌舞伎町は一丁目と二丁目のみで面積も約0・34平方キロメートルと上野公園の総面積よりも狭いエリアに暴力団事務所が100以上も開設され、常駐組員数は約2000人以上だった。常駐の組員数以外にも他所から歌舞伎町を訪れた組員たちもいるはずなので、その人数を踏まえると常に大多数の暴力団員が行き交っていたことが想像できる。

　また暴力団員だけではなく、準構成員や不良、暴力団と大差のない犯罪活動を繰り返す街宣右翼団体も活動拠点としており、そこに青龍刀で暴れ廻る中国人マフィアも台頭するなど、当時の新宿歌舞伎町は混沌とした犯罪と暴力の坩堝であった。毎晩のように喧嘩騒ぎが起き、行方不明者、売春、違法薬物密売、違法ギャンブルも当たり前であった。それはつまり歌舞伎町には違法マネーが集中していることを示す。

　某組の幹部が面倒を見ている数軒の違法ポーカーゲーム店から月に1回みかじめ料を回収して歩くだけで懐に500万円以上もの現金が溜まった。

みかじめ

　ところで、随所に書いてきた『みかじめ料』という呼び方の由来には諸説がある。主としては『見ヶ〆料』と書き、見て取り締まる対価を意味することから、それを砕いた言い方として、みかじめ料になったとするものなどだ。

みかじめ料の支払いとその徴収がいつ頃から根づいたのかは不明だが、かつてヤクザが行なった夜回りや喧嘩の仲裁など地域への自警団的活動に対するお礼金や謝礼金の意味合いで渡されていた慣例が変化したもので、同意語として現在でもみかじめ料のことを守り料や守り代と言う地域もある。

終戦後の混乱期に愚連隊などが闊歩し、ヤクザが暴力団へと変貌していった時期には、不当に主張された縄張りにおいての不当徴取金としてショバ代やあいさつ料とも言われるものが横行した。

もしもショバ代やあいさつ料を要求された側が、その支払いを断ると、飲食店であれば店舗は直ちに破壊されて営業不能にされた。建設業ならば様々な工事妨害を引き起こされ工事中断や作業不能に追い込まれてしまう。どう見てもこれは過度な恐喝行為であり、暴力による不当な利益の収奪システムである。

このほかに『エンソ』という業界用語もある。「エンソを払え」「エンソを貰う」とよく口にされるが、エンソは『円粗』や『円租』と書き、お金や粗品のことで、円租の租は中国語で賃料を意味する。これも縄張りを主張する暴力団の不当徴取を示す言葉である。

　これらの被害者となる側は、あくまでも正業を営んでいる者や法令順守する企業である。犯罪行為で利益を得る者や慢性的に違反行為や違法手段によって収益を得ている企業は今もなお日常的に暴力団に対してみかじめ料を支払い続けている。

　前出の某組幹部の場合は客が現金を賭けてポーカーゲーム機で遊ぶことができる違法ゲーム店からみかじめ料の支払いを受けていた。このような店舗は賭博行為が禁止されている日本では刑法一八五条と一八六条に抵触する。裏カジノや裏スロなどと呼ばれる店もこの部類に属し、これらを総じて違法ギャンブル店と呼ぶことが一般的である。

　営業内容は犯罪なので、仮に店内でお客さん同士が喧嘩を起こしても警察に通報することはできない。通報すれば客だけでなく店自体も摘発されてカネを稼げなくなってしまうからだ。なのでトラブルが起これば、みかじめ料の付き合いがある暴力団員に来てもらい、表沙汰にならないよう秘密裏に処理をしてもらう。

　また店内だけではなく、違法ギャンブル店は警察に通報できない事情を知る強盗に狙われることも多い。

違法店では、一晩で数千万円という多額の現金を扱う時もある。違法収益を得ている店が、強盗を警戒して警察や正規の警備会社に防犯願いを出すことは不可能だろう。このような強盗から店を守るため、暴力団にみかじめ料を支払い続けるケースもある。

「この店はA組関係の店だ」「B会があの店の面倒を見ている」と知れ渡れば、その店は暴力団の威嚇力で強盗を未然に防止できる場合も多い。

強盗以外にも売上争いによる店同士の潰し合い、違法な借金に関連したトラブル、店で働く不法就労外国人の管理に関するトラブルなど、警察に相談できない事案は多岐に渡る。

そして暴力団員たちは表立って営業できない業種からみかじめ料を搾取したり、それを原資に自身も違法ビジネスを展開させて行く。

そのため本来あるべき犯罪抑止の見回りや取り締まりによるみかじめ料という意味合いが薄れ、現在では単なる恐喝行為やそのほかの犯罪の資金源に変わり果てた。

今となっては、みかじめ料、守り代、ショバ代、エンソなど、言葉の意味による明確な使い分けはなく、個人が言い慣れた単語を使うようになっている。

ヤクザの聖地

当時の歌舞伎町は、表立って営業できない仕事が日本国内で最も数多く肩を並べている場所だった。

「住む町ではない。歌舞伎町は稼ぐだけの町。2年もやれば大金が作れる」と言われるほどバブル期における東京裏社会の中心地で、中国人マフィアも勢力を拡大しつつあり、竜崎のような余所者が紛れ込むには最適な場所だった。

しかし竜崎は新宿歌舞伎町には見向きもしなかった。それはなぜか?

「いくら隠密行動でやったとしても、いつかは必ず菱だ、竹中だとバレてしまうでしょ。その時に、味噌も糞も一緒みたいな誰でも勝負できるような歌舞伎町でやっとったんじゃ、こっちの代紋の値打ちが下がるかもしれんでしょ。

竹中も中国人マフィアも同じやと言われたらダメでしょ。わざわざ神戸から出張るんですから何でもかんでもってわけにはいきませんでしょ。どうせやるなら、東京の連中にア

ッと言わせな、さすが竹中やと頭下げさせんと意味がないでしょう」（竜崎）

この頃の山口組はひと昔前よりは組織名が認知されていたとはいえ、関東圏で山口組の直参団体まではまだあまり知られてはいなかった。竹中組、小田秀組、山健組、弘道会、後藤組などの名を知る者は東京在住でありながらも西日本の事情に詳しい暴力団員であり、神奈川県横浜市ですでに事務所を構えていた古参幹部である益田組の名すら東京ではまださほど知られてはいなかった。

竜崎は自分の後から東京に乗り込んで来る山口組、そして竹中組の組員たちの立場について考えていた。

『東京でカネを稼ぐことは、竹中の名を周知させること』と認識していた。だからこそ、進出先については慎重に検討しなければならなかった。

「みっともないカネの稼ぎ方しとったら、自分は金持ちになるかも知れませんけど、その後が続かんでしょ」（竜崎）

未開の地へ進出することは後に続く者たちへの『道』を作ることでもある。

新しくできた道は堂々たる赤い絨毯が敷かれたレッドカーペットがいい。そのためにはみっともないマネはできないという思いが竜崎にはあった。組の見栄や評判だけに拘っていたわけではない。山口組初の東京責任者である竜崎のやり方ひとつで、後に続く仲間たちの評判やシノギの仕方が決まってしまうのだ。

東京や関東の暴力団員たちから中国人マフィアや不良外国人たちと同じだと見なされてしまえば、いつまで経っても余所者扱いを受け、根を張った活動を展開しづらくなってしまう。逆に、菱の代紋と竹中の看板が更なる威厳と強さを放つようになれば、その分だけ、後続者たちもやりやすくなる。

若い頃から暴力団業界に身を投じていた竜崎は、「この業界はカネだけじゃ解決できんことも多いんでね」とポイントをよく熟知していた。

そんな竜崎が東京進出の牙城として選んだ場所は浅草であった。

浅草は今も昔も関東の老舗暴力団組織が総本部や東京本部を構えている関東暴力団業界の中枢だ。関東の暴力団業界では、浅草はヤクザ者の系譜が江戸時代から代々続く伝統的な場所で、博徒系暴力団だけではなく、的屋系組織の本家や本部も多数存在していた。それだけに浅草は暴力団業界において、あらゆるアウトローがひしめく歌舞伎町よりも『王道たる本拠地』『王道の街』と言える場所だった。

当然ながら関東特有の縄張り意識についても、浅草は厳しくシマ割りが取り決められた熾烈な場所でもあった。この土地が重ねた歴史の深さもあり、老舗暴力団同士がお互いのことを認め合い無駄な抗争を避けながら共存共栄している部分もあった。明文化されていない連綿と継承された『掟』が生き続け、互いへの尊重と緊張感が存在し、安易に余所者が入り込める場所ではなかった。

だからこそ、竜崎は浅草に出城を築くことを選んだ。

「浅草みたいな歴史ある場所なら、すでに名前が知れてる幹部やベテラン連中や組長クラスになるでしょ。

昔からの縄張り意識も強いでしょうからね。やっぱりそういうのとやり合わんと、わざわざ東京行ってワケの分からん奴らを相手にしとってもしゃあないですからね」（竜崎）

彼は、自分の命が危険に晒されることへの恐怖心はなかった。縄張り意識が強い浅草に行けば、それが原因で殺されてしまう危険性も充分にある状況だった。命の保証はどこにもなかった。

「まぁ、それを言ったら、神戸にいる時も同じですから」（竜崎）

確かにそうかもしれなかったが、仲間もいる町で危険と隣り合わせで生きることと、敵陣のど真ん中でたったひとりで命の危険に晒されながら生きることとでは難易度や生存確率が大きく異なる。

だが、竜崎は浅草行きを決めても顔色一つ変えることはなかった。

竹中正久は常々「殺られた時がヤクザの寿命や」と話していた。

竜崎も常にそう考えるようにしていた。あえて言うなら、命を守る生き方をするよりも命を使う生き方を選んだとでも言えばいいのだろうか。

竜崎がしなければならなかったことは、東京の観光名所巡りや買い物ではなく、暴力団に所属している者としての資金源の開拓と獲得である。

東京という都会に憧れて上京を目指したわけではない。任務の秘匿性を保つために、一本の槍を持って一匹の馬に乗って単身敵陣に出向くという単槍匹馬（たんそうひつば）で乗り込むのである。

ブティック山口組

竜崎が浅草での準備金として用意していたのは8000万円だった。この準備金は竜崎個人が用意したカネだった。

「金銭的な面で経費出してくれって、組に頼ることもできたかもしれませんが、そもそも組が貧乏してるから行くことになったのもあるし、全部自分ひとりでやらんとアカンでしょ」（竜崎）

当時の山口組は一部の直系団体を除いて上納金システムはまだなかった。

入り用があれば、その都度、組員たちのカンパでカネを集めるか、兄貴分や親分が全面的に工面するのが普通だった。竜崎の立場で言えば、竹中、佐藤、山下などに浅草での経費請求を継続的にすることもできたが、自分のやるべきことを考えたら、すべて自分の器量でやるのが筋だと腹を括っていた。

「はじめからデカくやる気はありませんでしたよ。

まずは小さくはじめて、徐々に広げていこうと思ってました」（竜崎）

いつまでに何をするように、といった時間的制約はなかった。しかし、いつまで経っても何も成果が上がらないようでは来た意味がない。

1年から2年以内には、それなりの結果を示すことが暗黙の了解となっていた。

竜崎の拠点は番地で言うと、西浅草一町目界隈。地下鉄なら浅草駅よりも田原町駅が最寄り駅になった。

かつての浅草松竹座（現在は浅草ROX）がある国際通りと合羽橋道具街の中間地点には、上野まで続く菊水通りが走り、小洒落たレストランやスナックが点在し、ラブホテルも軒を連ねる。

近隣では地下3階地上28階建ての浅草ビューホテルが1985年9月の開業を目指して建設途中だった。

この菊水通りのすぐ近くの雑居ビル1階フロアに、竜崎はブティックをオープンさせた。どこの商店街でも見かける何の変哲もない婦人向けのアクセサリーやアパレル商品を扱った小売店だった。

山口組の東京進出第一号がブティックだったと知って、戸惑う人もいるかもしれない。数々の暴力団抗争事件を繰り広げてきたあの山口組、喧嘩の山口組と異名を取るほどの暴力団の東京進出第一号が、婦人向け商品を取り扱うブティックだったのだ。

竜崎は神戸時代にサーフショップと兼業で婦人雑貨も取り扱っていた経験から、バブル好景気の波によって、婦人雑貨が急激に売上を上げていたことを知っていた。

この時代の女性たちは、一品10万円以上もする高級ブランド品を惜しげもなく買い漁り、シャネル、ティファニー、ディオールといったハイブランドを身に着けるのも当たり前だった。日本国内のアパレル各社による高級路線の結晶であるDCブランドもこの時期に誕生した。

つまり、ブティック経営は時流に乗ったビジネスだったのだ。商売は時流を見極めてそのニーズ（客層）を掴むことが正攻法と言われても、神戸から首都・東京に隠密行動で潜伏した暴力団員がブティック経営となれば、やや拍子抜けするだろう。

しかし、隠密行動というものはこれでいいのである。菱の代紋を掲げて威圧行為を繰り返して派手なアピールをすることが目的ではない。

山下の兄貴から「カタギさんとは仲良くするんや」と教わった内容を竜崎は忠実に守り続けた。要するに、その結果だった。

竜崎は神戸時代も浅草に来てからも、カタギからみかじめ料を獲ったことは一度もなかった。何か頼まれ事をされたら快く無料で請け負っていた。

竜崎は入居したビルのオーナーや向こう三軒両隣の店舗、住人たちに対して、ごく普通の開店挨拶をし、長髪にジーパン姿で、時には店の隅で趣味のギターを奏でたりしていたので、近隣住民たちには完全にブティックの店主として認識されていた。

隠し拠点

竜崎の目論見通り、ブティックの経営状態は、開店から半年もしない内に軌道に乗った。店は繁盛し、売上も安定した。

だが、わざわざブティックをやりに東京に来たわけではないことは本人がいちばんよく分かっている。まずは正体を隠して日々の収入を安定させるために、馴染みがあったブティックという商売をすることが妥当であったのだ。

竜崎は一見何の変哲もないこのブティックの内装に細工を施していた。隠し部屋である。カモフラージュされた扉の奥に本来の顔である暴力団ビジネスとして法外な金利を取る闇金オフィスを開設していた。

貸金業の営業をするためには都道府県知事や財務局長に貸金業務取扱主任者の登録をしたうえで開業が可能となる。しかし、闇金と呼ばれる高利貸しは、通常の貸金業登録など無視して高利で金を貸す。

竜崎は一般のカタギの方々を顧客にした闇金を営むのではなく、暴力団員のみを相手にする暴力団専門闇金としてこの隠れ闇金オフィスを開設した。繰り返すが、ここは、暴力団員だけに金銭を貸し付けて高金利を取り立てる金融業者である。返済が滞った暴力団員に対しては容赦なく、場合によっては命のやり取りをすることもある。

ブティックを構えた当初から、竜崎は暴力団のメッカ・浅草で東京の暴力団員たちを相手に金融業をする腹積もりであった。

東京で拳銃密売をする気はなかった。ハワイに独自のパイプを持ち、あれだけ手慣れたシノギであり、当時の都内でも関西と同様に粗悪品のトカレフやその後続モデルのマカロフなどが数多く出回っていたが、それをしてしまうと東京の各組織から『縄張り荒らし』と見られる可能性があったので、別のシノギを考えたのだ。

縄張り荒らしとは、他人の縄張り内で勝手にみかじめ料を獲ったり、賭場で悪態をついたり賭場のカネを強盗したり、縄張り内のカタギさんたちに迷惑を掛けることがその代表例である。覚醒剤の密売や拳銃の密売などもこれらに付随した内容だとされる場合が多い。

このような行為をすれば、それが理由となって荒らした当人は殺されても文句は言えないのが関東の暴力団業界の掟である。状況が複雑化したり悪化すれば、組織同士の大きな抗争になる場合も多い。

竜崎は、東京に抗争を起こしに来たわけではない。抗争をする腹は括れていたとしても、それはあくまでも、やむにやまれぬ状況に陥った時にやるだけであって、そもそもの目的が違っていた。竜崎が是が非でも成し遂げなければならないことは東京での資金源開拓と獲得であり、いわば敵地で抗争を起こさないようにしながらカネを作ることが大目的である。

それゆえに火種となる可能性がある拳銃屋をするつもりは最初からなかった。

その代わりとして考えたのが暴力団専門金融であった。これは金貸し行為であるため、縄張り荒らしにはならない。暴力団専門の高利貸しは公的には無許可の違法ビジネスだが、それを理由に縄張り荒らしだと決めつけるのは業界的にはやや無理があった。

なぜこれが縄張り荒らしにならないのか？　敵の縄張り内にどのようなオフィスを構えても縄張り荒らしだと考える人もいるだろう。この部分はやや分かりにくいところかもしれないので、もう少し踏み込んで解説をすると、そもそも『金貸しは、ヤクザのシノギではない』というのが大きなポイントとなる。

ヤクザを源流として、その流れをくむ暴力団は、みかじめ料とはやや性格が異なる「挨拶料」や覚醒剤密売といった特有のビジネスを扱っているが、物事の取り決めには古くからあるヤクザの掟を基にすることが慣習となっている。

ヤクザの掟から考えると、金融業はヤクザのシノギではなく、カタギが営む株式会社と同格の扱いであり、どこで誰がそれをやろうが縄張り荒らしには該当しない。

パン屋をやろうが、余所の縄張りでリサイクルショップを開業しても縄張り荒らしと責める者は誰もいない。金融業もしかりである。

確かに借金の取り立て行為は、昔からヤクザの仕事のひとつだが、余所の縄張り内で取り立てをしたら即縄張り荒らしだと解釈されることもない。もしそんなルールが通ったら、借りられるだけカネを借りて、縄張り内に逃げ込めば、取り立てに来た相手のことを縄張り荒らしだとして殺害したり、返済しなくても良いというような不可思議な状況が起きてしまうだろう。そのため昔から借金の取り立て行為はヤクザのシノギのひとつではあったが、余所の縄張り内で取り立てをしても縄張り荒らしだと認定されることはなかった。

とかくこの縄張り荒らしに関しては、関東の業界人であっても非常に分かりにくく、昔からその都度、組内で詳細を慎重に議論して裁定するのが業界の常識となっている。

先述した縄張り荒らしの代表例以外で、縄張り荒らしとして一目瞭然なのは、たとえば余所の縄張り内で勝手に看板を掲げて暴力団事務所を開設することである。

この点については、竜崎も熟知していたので、浅草での組事務所開設にはひと工夫を凝らした。

ブティックの裏に闇金オフィスを設置し、さらにその裏に隠し扉をもうひとつ設けた。

その扉を開けると、菱の代紋が掲げられた組事務所があった。

竜崎が開店したブティックは完全に東京に進出したことをカモフラージュするためのものだった。店先には婦人向けの美しい商品が並び、その裏には暴力団としての顔を隠した闇金オフィスや組事務所が設置されていた。それはまさに三段構造となっていた。ここまで作り込んでいたため、ここに組事務所があるとは誰も気が付かなかった。

加えて暴対法施行前の1980年代前半であり、どこの組事務所も、こちらは暴力団事務所でございます、と事務所の内外に代紋入りの大きな看板を堂々と掲げ、室内には神棚と提灯があるのが当たり前だったため、竜崎が設けた組事務所の仕組みは、ある意味で、海外マフィアのようなセンスを醸し出していた。

こうして竜崎は、東京・浅草に出城を構えた。そこは、隠密行動を可能にして抗争を起こさないように活動をするのに最適な役目を果たした。

この頃、上京してからずっと働き詰めだった竜崎は、息抜きと東京探訪を兼ね、ふと夜の六本木に出掛けてみたことがあった。

『ギロッポン』と呼ばれ、東京におけるバブル好景気の象徴でもあった夜の六本木の繁華街は、その恩恵を過度に受け、昔ながらの高級料亭が軒を並べる銀座や赤坂とはひと味違った煌びやかな贅沢さを放っていた。

神戸や大阪にある夜の繁華街では、有名高級店で一晩中どんなに派手に豪遊してもひとり当たりの会計は25万円が相場だったが、六本木では軽く飲む程度でもひとり48万円もしたという。ふたりであれば、ひと晩一軒で約100万円といったところか。単純計算でも神戸や大阪の約2倍の料金だ。もし派手な飲み方をすればその料金はもっと跳ね上がる。

竜崎が訪れた店内は絶えず満席状態で、ザッと見回しても30～50人ほどの客でごった返していた。この店のひと晩の儲けはいくらになるのだろうか？ その光景は、神戸や大阪の相場に慣れた竜崎の想像を遥かに超えていた。

「噂で聞くのと実際に見てみるのとでは随分ちゃうなぁと思いましたよ。

正直、ビックリしましたわ。これが東京や、これがバブルかってね。

ここでカネ作れんかったら自分はダメやなぁと思いましたね」（竜崎）

人の決意というものは、些細なことで生じるものである。すでに腹を括って上京を果たしたとはいえ、実際に東京のバブルに直面してみると、ついおののいたり、戸惑ったりするのも人間らしさだが、小さな出来事が迷いを消し去り、新たに決意を抱かせることも多々ある。竜崎にとっては、はじめて訪れた夜の六本木の華やかさがまさしくそれだった。

竜崎は、神戸から配下の暴力団員たちを呼び寄せて、ブティックの営業を手伝わせた。持ち金を切り崩さなくても彼らの日々の経費や生活費はブティックの売上で賄えた。

そして竜崎は、浅草に来てから日課にしていた雀荘通いに精を出した。しかしそれは竜崎が麻雀好きだからというわけではない。雀荘に行くのには、ひとつの理由があったからだった。

諜報活動

雀荘という場所は賭け麻雀を好む近隣の暴力団員たちの溜まり場となっているケースが多く、各組の組員たちと顔見知りになれたり、各組の内部情報を収集するには最適の場所だった。

半チャン（麻雀1ゲーム）の平均時間は約1時間である。ゲームなので時には10分も経たないうちに終了してしまうこともあるが、時には2時間以上かかってしまうこともある。これを1日に何回も繰り返す。

三人打ちや四人打ちという麻雀のルール上、初対面の暴力団員たちと長時間に渡って一緒に麻雀をすることとなり、その間にお互いが何度も世間話を交わした結果、親しくなって、「ここだけの話だけど」と前置きをしながら自分の組の内部事情を漏らしてしまうことも多かった。

口が軽い奴だと言ってしまえばそれまででしかないが、長時間、麻雀をしながら顔を向き合わせていれば、会話が弾むのも不自然なことではない。そして、暴力団員の会話にはネタが多い。多くの暴力団員は暴力団業界のことしか知らない。一般企業で働く営業マンのように、あらゆる会話ネタを網羅してサービストークを揃えている者は皆無だ。

よって長い時間、暴力団員とあれこれと会話を交わしていれば、その内容はおのずと組員や親分についての話やシノギに関するものが主となってくる。

竜崎は、自分が山口組の者だとは一切口外しなかった。もし相手がそれを知れば警戒して何も話さなくなってしまうからだ。彼は常に『関西から来たブティックの店主』を貫き通した。情報の引き出し方についてはプロフェッショナルだった。異国のハワイ暗黒街で鍛えられていたこともあり、そのスキルはスパイや工作員クラスでも通じるレベルに達していてもおかしくない。

こうして竜崎は日に日に浅草界隈だけではなく東京全体の暴力団情勢についての生の情報と接する状況を生み出した。

東京の裏社会では、依然として暴力団同士の縄張り争いによる熾烈な抗争事件が各地で頻発していた。中でも住吉連合会幸平一家（名称当時）と極東関口会（名称当時）の十年戦争と呼ばれた暴力団抗争が長期深刻化しており、関東の暴力団業界では慢性的でいびつな緊張状態が続いていた。そのような状況であったため気合いの入った暴力団員も多数いたが、そうではない暴力団員も当然ながらいた。

ある暴力団員は、長引く抗争でストレスを溜め込んだせいか、待機中の組事務所内で覚醒剤を乱用して正常さを失ったあげく、そこに居合わせた同門の組員たちに対してやみくもに拳銃を乱射して全員を皆殺しにしてしまうという大惨事を引き起こして、その場に駆け付けた警察官たちを慄然とさせた。

また抗争で組のために罪を犯して長期服役をした暴力団員の妻や愛人、恋人を寝取るような仁義知らずのマメ泥棒（他人の妻や恋人を寝取る者）になり下がる暴力団員もかなりいた。懲役務めとなった組員が住んでいた自宅へ空き巣に入り、家財や金目の物を盗む非道な者まで現れていた。

山口組内でこういったことが起きれば、その加害者である組員は、指詰め、破門どころでは許されず、処刑されても文句を言えないが、東京の暴力団業界ではこういったことが平然と発生していた。ここからも東西の暴力団の種類が大きく違っていることが見受けられる。

竜崎が東京で目や耳にしたことで驚いたのは、断指して小指が欠損した手をわざとカタギに見せつけたり、ところ構わず刺青を出して威嚇したり、ベンツなどの高級外車を乗りまわして暴力団員であることを誇らしげに自慢するタイプが関西や西日本よりも大勢いたことだった。

自分自身を『暴力団』『ＹＡＫＵＺＡ』としてキャラクター化し、そのイメージキャンペーンやファッションキャンペーンをやる宣伝マンのごとき暴力団員が多数存在していた。

「目立ちたい気持ちがあるのは分からんこともないですが、そもそも暴力団員が目立つ必要はありませんし、小指がないのを見せびらかしたり刺青を見せたりするんは、結局はカタギさんイジメになるでしょ。

もし竹中の中にそんな奴がおったら親分や兄貴たちからドツき回されますよ。下手したら謹慎や除籍じゃすまんかもしれませんわ」（竜崎）

さらに感じたことは、関東の暴力団業界には、やたらと座布団の高さにこだわる者が多かったということだった。座布団の高さとは、組の看板の大小や組内での役職の立場による優越のことである。

A組よりB組のほうが格上だ、下だ、組内での役職が高いほうが絶対的に上だ、今度は誰が出世して誰が失墜するなど、東京の暴力団員は『人間を見ず、肩書きしか見ない』といったタイプが多かった。

このことは西日本の暴力団業界とは大きく異なり、特に山口組では三代目の田岡組長時代からあった『極道も人。組も社会も人の集まり』という信念と大きくかけ離れ、竜崎は東京の暴力団員たちに対して大きな疑問を持ち、関西と関東における暴力団員の性質の違いに唖然となる日も多かった。

ブティックの店主を貫いた竜崎と浅草界隈や雀荘で数ヵ月間にも渡って接し続けた東京の暴力団員たちが、竜崎の正体をまったく見抜けなかったのは、東京や関東特有の『人を見ず』の志向が強かったからだろう。

冷静に考えれば、暴力団員相手に物怖じすることなく、長時間も平然と会話をしながら一緒に麻雀を打ち、道で会っても挨拶を交わし、時には組内の込み入った内部事情についても理解を示してくれるカタギのブティック店主などいるのだろうか？

単なるブティックの店主がそこまで自然に接することなど、普通に考えたらできるはずがない。関東の暴力団員が持っていた肩書至上主義が竜崎の正体を見抜く目を曇らせていたのは確かで、これが関東の暴力団の残念な特徴だともいえる。

そして竜崎はこの頃から暴力団専門金融を本格的に始動させ、知り合った暴力団員たちに次々とカネを貸し付けていった。

暴力団専門金融

最初は、賭け麻雀の負け金を貸し付け、次第に彼らの事業資金や急に入り用となった際のエマージェンシーファンドと、貸し付けのバリエーションを次々と増やしていった。

竜崎は暴力団員たちにカネを貸し付ける際、彼ら一人ひとりの名刺を借用書代わりとして、名刺の表面に、借金の金額、利子率、返済日、そのほかの条件を記入させ、名刺の裏面には、その組員の親分の氏名を連帯保証人として必ず書かせていた。

世間の常識からすれば、こういった借用書が通用するかどうかは甚だ疑問だが、暴力団業界での借用書としてはこれで充分だった。

ちなみに返済期日と利子についてだが、西日本では月に1割が相場で、借りた日から数えて1ヵ月後に1割の利子をつけて返済すればそれでいい。

もし返済できなければ、その日に利子分だけを払ってまた1ヵ月後が返済日となる。利子に利子がつく複利とする場合が多いが、そのような設定をしない場合もあり、この条件については事前に取り決めることが一般的となっている。

これに対して、当時のバブル時代の東京を中心とした関東では『トイチ』と呼ばれ、10日後に1割の利子をつけて返済するのが普通だった。

トイチでやると、100万円を借りたとすれば10日後には110万円で戻さなければならない。

竜崎は、トイチという関東の常識に驚きながらも、郷に入れば郷に従えで、ブティックの裏に設置した暴力団専門の闇金オフィスで、次々と東京の暴力団員たちにトイチでカネを貸し付けていった。

トイチと言えば、関西こそトイチでしょう、と言う人がいる。実際のところ、関西はツキイチで、東京がトイチであるのにもかかわらず、関西こそトイチというイメージが強いのは、一時流行した漫画の影響が大いにある。

大阪のミナミを根城に街金融を営む主人公の活躍を描いた漫画によると、関西ではトイチでカネを貸すことが定番だと紹介されており、この漫画のヒットに伴なって数々のオリジナルビデオやテレビシリーズも制作されたことから、大阪の街金融はトイチが当たり前だというイメージが世間に広く定着してしまった。

だが、実際の大阪の街金融業界ではトイチという高金利システムが相場化したことはなく、トイチとはまさにバブル時代に東京で流行した街金融のやり方が発祥だった。そんな高金利でも街金融の事業が成立していたのは、大金が蠢くバブル好景気の東京だったからというのが真相である。

この漫画が、事実と反してわざわざ大阪こそトイチとしたのは、漫画の設定上、大阪弁のコミカルさとトイチという高金利のインパクトを融合させることで作品としての個性や面白さを見出したかったからだろう。結果として作品は成功した。

漫画の連載がスタートしたのは、竜崎の上京から約10年後であり、まだバブル景気が続いていたとはいえ、その頃になると借金者の夜逃げや自己破産の件数も増えはじめ、バブル期の東京の街金融であっても実際の現場ではトイチという高金利貸しが成立しにくい状態が多発する時代に移り変わろうとしていた。

金貸し業はカネがカネを生む商売とも言われるが、借り手がいなければ成立しないものだ。よって、借り手である客の経済状況や思考回路に支配される商売とも言える。

竜崎の正体を知らずに、彼からカネを借りた暴力団員たちは「カタギの金貸し屋が相手だから、返済せずに暴力によって踏み倒してしまえばいい」とタカを括っている者も多数存在していた。

彼らは自分が所属している組の看板を盾にすれば、それを恐れて借金を帳消しにして貰えるだろうと甘く考えていた。実際に、そういう手口で借金を踏み倒して来た者も多くいた。

そして返済日となって、債務者の暴力団員がいつもの手口で返済を拒否して居直ったり、組の名前を出して脅迫的な態度を示して返済を拒むと、竜崎は、

「ケンカするかカネ返すかどっちかにせぇや。竹中や」

と言い放った。竜崎はその組員の借金の連帯保証人となっていた組長のもとにも出向き、

「組ごと潰さるんがえぇんか、カネ返すんか、どっちかしかないで」

と詰め寄ったのだった。

当時の関東では山口組の知名度もまだまだの状態であったことから、竜崎のセリフには現在の山口組ブランドが放つ威力まではなかったが、

「ケンカするかカネ返すんかどっちかにせぇや」と堂々と臆することなく言われた東京の暴力団員や組長たちは戸惑いながら、山口組のことや竹中組のことを慌てて調べたそうである。

そして、調べれば調べるほど、山口組や竹中組の恐ろしさを知ることになった。さすがに組長レベルともなると、すでに山口組や竹中組の名を知る者もいて、組員が踏み倒そうとした借金を慌てて即日返済する組長も多かった。

当たり前だが、トイチの利子分をつけての返済である。

「借金の取り立てやったら、縄張りがどうのこうのって話もされんでしょ。もしそんな話になったら、まずカネ返してから言わんかいってなりますでしょ。

こういうやり方でなら、ケンカにもならんし、組の名前も広まるし、カネも稼げるからまさに一石三鳥やと思ってやってましたね」(竜崎)

ある日、東京育ちの若い組員が竜崎の前で「竹中組なんか知らねぇよ」と啖呵を切ったことがあった。

竜崎はこの若者に対して「竹中組がどんな組か、兄貴分や親分に訊いてみなさい。それからまた話をしようや」と冷静に対応した。

この若者は後日、竜崎へ平謝りをするしかなかった。

こうして竜崎が営む暴力団専門金融は、バブル期の東京の象徴でもあるトイチという高利貸しビジネスとして短期間で利益を出すことに成功すると同時に、山口組や竹中組の名を東京の裏社会に色濃く浸透させていった。

関西の暴力団員が東京進出したと聞くと、一般のカタギが営む仕事へ無理矢理に食い込んでカタギの方々に迷惑を掛けるような印象を持つ人もいるだろう。しかし竜崎の裏ビジネスはカタギではなく暴力団員だけを相手にした。

東京で生活をはじめた竜崎は、カタギの人々と接する機会も多かったが、無駄にヤクザ風を吹かせることもなく、物腰もキツくなく、長髪にジーパン姿であるために正体を悟られることもなかった。

関東の暴力団員への闇金融によって、この頃の竜崎は、月に数千万単位の現金を動かすようになった。当然、竹中組の懐事情も急速に右肩上がりとなりはじめた。

この時代には『経済ヤクザ』や『企業舎弟』という言葉はまだなかった。

経済ヤクザとは、表面的には一般企業を装い、その裏で様々な経済犯罪活動で暴利を得る暴力団員のことで、バブル期に台頭した新しい暴力団のスタイルと言われ、企業舎弟はそれに付随する暴力団の構成集団とされている。

経済ヤクザの代表的な人物を挙げると『東急電鉄株買い占め事件』や『佐川急便事件』などで広く知られた稲川会二代目の石井隆匡会長が経済ヤクザの元祖として有名である。

当時の山口組では、石井会長のような頭脳派と呼ばれた経済ヤクザはまだいなかった。どちらかと言えば、武闘派揃いなのが当時の山口組の特徴であった。

そういう意味では、東京進出第一号であり、初の東京責任者である竜崎は、山口組における経済ヤクザの先駆者であろう。

山口組の経済ヤクザでは、元五代目山口組の宅見勝若頭が有名だが、東京進出をひとつのキーワードとすれば、竹中正久の念入りな東京進出計画によって、その実行役を担った竜崎のほうが一歩早かった。

竜崎はシマ荒らしか？

竜崎は、暴力団相手に高利貸しをして暴利を得るようになっていたわけだが、東京の暴力団もいつまでも竜崎の自由を許しているほど甘くはなかった。

関東の暴力団は昔から縄張り意識が強い。そんな彼らが竜崎という存在を知れば強い嫌悪感を示すのは当然であった。

東京の元老舗暴力団幹部の黒川氏（仮名）は当時の状況について「ついにこういう時期が来たんだなと思いましたよ」と振り返った。

こういう時期とは、山口組の東京侵攻が始まったという意味を指す。あの時代、ようやく山口組や竹中組が東京でも徐々に知られ始めてはいたが、まだ誰もが知る存在ではなかった。しかし関東の一部の暴力団員たちの間では、すでに知られた存在で、もしかしたら山口組が東京に出てくるのではないか？　と懸念されていた。

「山口組が差し向けた鉄砲玉かもって話も出てましたよ」（黒川氏）

鉄砲玉とは、ヒットマンを意味する暴力団業界の隠語だが、抗争のキッカケを作るために『死ぬのが仕事』と言われることもある。

敵の縄張り内にひとりで乗り込んで行き、大袈裟に暴れて敵を挑発し続けていれば、そのうち堪忍袋の緒が切れた敵が必ず殺しに来る。

そこで殺されてしまえば、彼の仇討ちという大義名分を得た本隊が一斉に敵の縄張りに乗り込む。このような抗争の流れを生むために自らの命を投げ出すのが鉄砲玉の本質だと言う者もいる。

「もし竜崎がそうだとしたら、こっちとしても軽はずみな動きはできないという結論になってました」（黒川氏）

竜崎のことを殺してしまえば、彼の仇討ち名目で竹中組をはじめとした山口組の主力戦闘部隊が一挙に東京都内になだれ込んでくるだろう。そうなったら大規模な抗争になってしまうことが容易に想像できた。

関東サイドとしては竜崎のことを縄張り荒らしであると認定することで大義名分とし、つまり、縄張り荒らしは殺されてもしょうがないだろうという理屈で、山口組が兵隊を送り込むことを阻止できるはずだと主張する者もいたが、竜崎の場合、東京の縄張り内でみかじめ料を獲ったり、賭場荒らしやカタギに迷惑を掛けたわけでもなく、これと言った縄張り荒らしに該当する要素がなかったので、鉄砲玉と認定することが難しかった。

強いて言えば、暴力団専門金融を営んでいることとその取り立て行為が苛烈ということが挙げられたが、余所者が縄張り内で金融屋を営むことは別に問題でもなく、苛烈な取り立て行為は借金を強引に踏み倒そうとした組員に対してのみで、それ以外の者に対しては紳士的な対応をしていたことから、これも縄張り荒らしと決めつけることができなかった。そのため軽々と竜崎に手を出すことが難しい状況となっていた。

「ですから、竜崎のことを殺ろうにも、抗争するにもこちらには大義名分がありませんでしたし、気が付いた時には、自分の舎弟だけじゃなく、兄貴分も竜崎のところからカネを借りてましたから、そんな状況じゃまったくカッコがつかないでしょう。もう完全に仕留められたようなもんでしたよ」（黒川氏）

しかし、関東にも様々なタイプの暴力団員がいた。この黒川氏のように古くからあるヤクザの掟を踏まえて物事を進めるタイプもいれば、そんなことはどうでもよく、己の感情優先に暴力行為を繰り返す暴漢タイプもいた。暴力団員である以上それでもいいのである。

その手のタイプである暴力団幹部の神田氏（仮名）は、竜崎からカネを借りていたが、はじめから返済するつもりがなかった。つまり、最初から竜崎と一戦交える腹だった。すでに神田氏は電話などで「カネなんか返さねぇよ。取りに来たらいつでも殺るぞ」と竜崎に対して宣戦布告をしており、浅草の某ホテルで話し合いの場が設けられた。

竜崎の子分たちは「むこうはやる気ですよ。今回は撃ち合いになるかもしれません」と竜崎の身を心配した。

「まぁ、ホテルの中では、カタギさんらもおるから撃ってはこんやろう。撃ってくるなら、ホテルの外や。ホテルに入る前より、話がすんでこっちが安心してホテルから出た時の路上や。車で近寄って来て撃ってからそのまま走り去るパターンや。なんやったら撃ちながらそのまま車で轢きに来るかもしれんな」と竜崎は冷静に分析した。

竜崎は数々の抗争を繰り広げてきた『喧嘩の山口組』のメンバーである。元々学生時代に暴力団員と対等に喧嘩がしたくて暴力団員になったタイプでもある。その殺り方については知り尽くしていた。

竜崎は、神田氏との面会の2時間前に、ホテル周辺に子分たちを配置して不審車両を探させた。

竜崎の読み通り、子分たちはホテル周辺の路上で路駐していた不審車両を見つけ出した。車中には、カタギには見えない人物が1台につき2人ずつ乗っており、その手の車が合計で3台あった。

子分たちは、その状況を直ちに竜崎に報告し、彼らは各車を取り囲み、

「すいません、浅草駅に行きたいんですけど道を教えて下さい」

「落とした財布を探してまして、この車の下にあるような気がするんです。覗いていいですか？」

「あれ？ シンスケやんか？ オレだよ、リュウスケだよ。久しぶりやなぁ。えぇ？ 違う？ そんなはずないやんか？」

とあえてうるさい会話を繰り返して各車をその場に足止めさせた。

もちろん、彼ら全員の上着の下には拳銃があり、車中の連中が少しでも怪しい動きをすれば、即発砲する覚悟があった。

そして竜崎は、ひとりでホテルに入館して神田氏と面会した。神田氏は最初から「カネは返さない。取れるもんなら取ってみろ」の一点張りだった。

「アンタ、そんなに鼻息荒くやっとってもどうにもなりませんで。ホテルのそばに、白と黒のクラウンが2台、それから白のセドリックが1台停まってますけど、何してるんですかね？　若いモンらを無駄死にさせる気ですか？」

竜崎がそう言うと神田氏は言葉を失った。

言ってしまえば、竜崎の命を狙っていた神田氏配下のヒットマンたちは、拳銃を持った竜崎の子分たちに車ごと取り囲まれた人質状態となっていた。竜崎はそのことを神田氏に伝えたのである。

状況を知らされた神田氏は、直ちにその場で竜崎に謝罪を申し入れて全額返済を約束した。その金額はトイチの利子分を含めて2000万円だった。

「喧嘩にならんように、とにかく先手を打つことです。

防止するには先手しかありません。昔の喧嘩の経験ゆうもんは喧嘩をする時の役にも立ちますけど喧嘩をせんための役にも立ちますから。失敗も役に立ちます。

そういう意味では良いことも悪いことも、その後の使い方次第かもしれません」

と竜崎は当時を振り返った。

経験を活かし難を乗り越えた竜崎だが、これははじまりでしかなかった。以降、東京の暴力団による竜崎への暗殺や襲撃計画が着々と練られていく。

想定内の危険

東京で命を狙われはじめたことについては、竜崎自身も本能的に察知していた。決して予期せぬ状況ではなく、はじめから想定内のことでもあった。

だからこそ竜崎は、上京から一貫して隠密行動を続けていたわけだ。情報収集で雀荘に行くことはあっても決して暴力団の賭場には出入りしなかった。賭場に行けば思わぬ相手に借りを作ってしまうこともある。賭場という雀荘よりも裏社会の影響が強い場所に通ってしまうと、喧嘩沙汰や警察沙汰に巻き込まれるリスクや予期せぬ相手と縁してしまうことも多い。竜崎としては、喧嘩や面倒事を起こさないようにしながら資金源を確保することが東京での最優先事項だった。

しかし、極道である以上は『いつでも喧嘩ができる態勢』を維持していなければならなかった。特に喧嘩の山口組、猛将・竹中組の一員であればなおさらだった。いち個人であろうと常に臨戦態勢を整えておくことは、竹中正久の教えでもあった。

「喧嘩ができんようになるから、借金はするな。誰とも兄弟分にはなるな」

と竹中正久は常々話していた。

自分が東京の賭場で借金を抱えたり、軽はずみに誰かと兄弟分になっているようでは竹中正久の教えに反する。無駄な縁が元となってケンカもできなくなってしまう。

勝てる喧嘩であっても負けなければならない状況が生まれる場合もある。こうなれば極道としては失格だと竜崎は考えていた。

敵地に単身で乗り込んでいる以上は体が資本なので交通事故を起こさないよう、日頃から車の運転にも気を使い、体調を崩さないよう日々の食事管理も行なっていた。

遊びは極力控え、目立つことを嫌うようにした。浅草に呼び寄せた子分たちにもそのことを徹底させた。

その当時、竜崎が組長を務めた組には神戸時代からの子分以外にも東京での竜崎の評判を聞きつけた東京の若手たちが集まりだし80人以上の組員を抱えるまでになっていた。目立つことを嫌っていた竜崎が80人以上の中から組員として本登録したのはわずか4人だけだった。他の者たちについては子分ではあっても組員としては未登録のままにした。

竜崎の組はたった4人しかいない小さな組という形を装っていた。

『数は力なり』という言葉もあり、実数よりも世間に公表する人数を多く見せるやり方もある。力がモノを言う暴力団業界では特にそういったやり方が選ばれがちだが、竜崎は真逆の方針を取っていた。

「目立ったら必ずサツにやられます。自分らみたいな余所モンは特に目をつけられます。人やカネやモノがあるフリをして大きく見せて、何でもかんでもひけらかして見栄張っても脂ぎった話にしかならんでしょ。

いつでもどこでも何もないんですよって小さく見せといたほうがスッキリしとるし余計な事にならんですむでしょ」(竜崎)

竜崎の本当の敵は、東京の暴力団ではなく、東京の警察だったのかもしれない。

竹中組は昔から『警察は敵』のスタンスだった。逮捕されても何も話さない、自分の名前すら話さないという『完全黙秘』『完全否認』が定番だった。

竹中正久自身も逮捕された時の取り調べで完全否認を貫き通したため、さらに刑期が2年半加算されたこともあった。

ここまで徹底的に警察と戦うのは『極道に生きることは反権力に生きることである』と竹中正久が考えていたからであった。逮捕されれば『何も話さずに、仲間を庇って自分ひとりで罪を背負う』という思いも強かった。

取り調べ時に色々と話してしまえば、そのせいで芋づる式に仲間が逮捕されたり、無実の人間が迷惑を被る場合もあるため、何も話さないのが一番なのである。竹中正久という人物は猪突猛進ぶりから、一見、他者には一切気を遣うことのない荒くれ者のようなイメージを持たれることもあったが、実際は他者を思いやることができる人物であった。

この精神を色濃く受け継いでいた竜崎も、警察や仲間たちに対しては、竹中正久譲りの考え方を持っていた。

「どんなに避けたところで、所詮、自分らは暴力団ですから。喧嘩になる時は喧嘩せなしゃあないでしょ。

でも、若い衆には若い衆の生活がありますからね。その時は、なるべく自分ひとりで背負って行かんといかんなという覚悟は常にありましたよ」（竜崎）

おかしな子分

暴力団として目立った行動を避けるため、組員の本登録は4人のみに絞っていたが、実際には80人以上の子分たちがいた。これだけいるとやや変わった子分もいた。

その中のひとりで渡辺という子分は、みんなから「ナベ」と呼ばれて親しまれていたが、何かにつけてトラブルや失敗を繰り返す若者だった。

元々は岡山県の独立組織の若い衆だったが、金銭トラブルで追放され、竜崎のもとに身を寄せるようになった。

当時の山口組内ではまだ珍しい経済ヤクザであった竜崎に憧れていたナベは、自身も武闘派路線よりも経済派路線で行くことを好んでいたが、やることは車泥棒やニコイチ販売、複数の偽名を使って借金を逃れるなど、経済ヤクザというよりは詐欺師や悪質ブローカーと同類のシノギばかりに手を染めていた。

街中でナベの名前が出れば「カネを持ち逃げされた」「プレゼントされた車が盗難車で困った」「姐さんに失礼なことをした」とロクな話がなかった。

竜崎にとっては手を焼く若い衆だったが、何かと大目に見ていた。しかし、ついにかばいきれなくなる事態になってしまった。けじめとしてナベは指詰めをすることとなったが、ナベは、謝罪の場で小指を切り落とすことができず、わざわざ病院に行って指を詰めるという始末だった。そして、ナベはどこかへ行ってしまった。

ところが、近年、メディアやSNSでナベの顔をよく見かけるようになった。年月を経てはいるが、確かにナベである。以前から複数の偽名をよく使っていたナベが、猫組長という名前で、裏社会に通じたコメンテーターとしてネットやテレビに出演していた。

その際の経歴は山口組系列の元暴力団組長で、一夜にして数億円単位の資金を動かした優秀な元経済ヤクザであり、一時は東京で山口組関係者の親睦団体責任者を務めていたという。それはすべて竜崎の経歴を模倣した内容であった。

「ナベの野郎は、昔からそんな奴でしたからねぇ。まぁええんちゃいますか。だいたいテレビに出るようなコメンテーターとか、ええ加減な奴ばっかりとちゃいますか？

山下の兄貴（ナベを岡山の独立系組織から最初に受け入れて竜崎に引き渡した山下会会長）も二代目（ナベが最終的に所属した元二代目佐藤組組長）も、あの野郎は嘘ばっかりやと今でも言うてはりますから、そういう奴は極道やっとるよりもタレントのマネごとでもしとるほうが合っとるでしょ。

まぁ、たまには家にも顔出しや」（竜崎）

有能な経済ヤクザの肩書を看板にメディアで活躍しているナベが、竜崎を参考にして自らの極道経験を語っていることを考えると、竜崎という人物が当時の山口組内でも優れた人材であったことが充分理解できるだろう。

第4章 死ぬ者と生き残る者

竹中正久の四代目就任

東京での竜崎の活躍もあって、経済的にも息を吹き返した竹中組は、山口組の二次団体の中でもまさに飛ぶ鳥を落とす勢いでその盛況さを増していた。

そして、ついに1984年6月、田岡三代目組長の逝去から約2年間空席だった山口組組長の跡目を竹中正久が継ぎ、四代目山口組体制が始動した。竹中正久四代目就任の後見役は三代目未亡人である田岡文子姐さんであった。

しかし三代目時代からの最高幹部だった元三代目組長代行の山本広や代行補佐の加茂田重政、白神英雄、溝橋正夫、佐々木道雄らを中心とした竹中正久四代目就任に反対する反竹中派のメンバーたちが四代目山口組から離脱した。

そして、彼らは山本広を会長とした総勢約7000人以上からなる『一和会』を結成して、暴力団史上最大の過激さと言われた四代目山口組と一和会による暴力団抗争事件『山一抗争』(1984年)へと突入することとなった。

ここに至る原因については諸説あるが、大筋としては大阪戦争時代からすでに三代目山口組内には田岡三代目や山本健一若頭の意向を強く受け継ぐ武闘派と、抗争拡大路線を嫌う穏健派という二大派閥が生まれており、武闘派の筆頭格が『山本健一の遺志を継ぐ者』と言われた竹中正久であり、穏健派のリーダー格が『何もしない広ちゃん』『あさってのヒロちゃん』と言われた山本広であったことから、その後の竹中正久四代目就任時に両者の対立が決定的となって袂を分かつ結果を生んだ。

竹中正久の四代目就任は、竜崎にも明るいニュースで、上京してからの苦労が一気に報われた気がした。しかし、それからすぐに四代目山口組と一和会との間で勃発した山一抗争に関しては、心苦しいものがあった。

「昨日まで仲間だった人間が今日から敵になるわけですから。来週飯食おうやって約束しとった人間が今日からそうなってしまったんですから。

極道に喧嘩はつきもんですが、相手が相手ですからね」（竜崎）

同じ菱の仲間たちのために、東京で孤軍奮闘していた竜崎としては、その苦労が実ったと同時に、すべてが一瞬で崩壊してしまったかのような刹那さを覚えた。

しかし、抗争がはじまった以上、いつまでも感傷的になっているわけにもいかない。たとえ薄情者と呼ばれようとも、機械のように冷酷だと罵られようとも、抗争となればどのような相手であろうと即時対応しなければ、勝てる喧嘩にも勝てなくなってしまう。

山一抗争の初期は四代目就任から間もないこともあって、四代目山口組側は組全体を一気に抗争へと動かすだけの組織体制がまだ整っておらず、また一和会側は、そもそも穏健派だったことと頂上作戦や大阪戦争での金欠状態を引きずっていた組もあったことから、両者が即時的に大激突とはならず、抗争の動きは、かなりのスロースペースではじまった。

四代目山口組は沈黙を貫き、一和会側は「むこうが仕掛けて来たらこちらもやるしかない」という受け身的な戦法を採用していた。

しかし、喧嘩を専売特許とする山口組と、穏健派だったとはいえ、つい先日まで『喧嘩の山口組』の一員として数々の抗争で勝利を飾った者たちの集合体である一和会がいつまでもゆっくりと睨みあうだけのはずがなかった。

分裂から1ヵ月も経たずに、竹中正久四代目組長は、一和会の面々に対する『義絶状』を全国各地の友誼団体に送付。その頃には、和歌山県内の賭場において山口組系組員が一和会系組員を刺殺するという事件が発生。それから四代目山口組と一和会は、まさに血で血を洗う泥沼的な激しい暴力団抗争へと突き進んで行った。

早期回収

竜崎は、直ちに暴力団専門金融における貸付金の回収に入る必要性を強く感じた。

「竹中の場合は、抗争になったらとにかく『殺れッ』『サッサと行かんかいッ』ですから。細かい指示は来ません。

抗争になったらどうすべきかについては、常日頃からひとりひとりの組員が即時対応できるように準備をしとって、はじまったら直ちにそれをやるだけです。

自分の場合は、カネでしたね。抗争になったら軍資金を工面せないかんと」(竜崎)

金貸しという商売で、借り手は客であり、毎回利子だけを払って元金が一向に減らない、具体的な完済の目途が立たないジャンプ状態の長期借金者であっても顧客だ。この商売を営む上では、そういう長期者も確保すべき大切な客筋である。できるだけ多くの相手にカネを貸すことが仕事の上で重要であり、返済が滞ったとしても利子さえ入れてくれれば、金貸しの商売繁盛という仕組みだ。

かえって完済されてしまうと、それは客が消滅したということになる。大病院のビジネスと同じで、医者にとっては客である患者が多くいてくれることが商売繁盛で、あくまで比喩的に言うならば、患者の病気を完治させてしまうと客がいなくなって売上が下がってしまう状態になるのと近いのである。

ここで竜崎が選んだのは、貸し付けたカネの早期回収である。それはつまり、暴力団専門金融を店仕舞いすることだった。

この早期回収は、山一抗争の軍資金を短期的に捻出するためであったが、そうしなければならない理由がもうひとつあった。

竜崎から借り入れている東京の暴力団員たちが、山口組が抗争状態にあることを知って返済を渋る可能性が考えられたからだ。

平時なら、借金の回収に対して全力投球できたとしても、抗争時となれば抗争での命のやり取りが優先され、借金の回収にまで手が回らない場合もある。

また抗争への集中取り締まり、軍資金ルート壊滅を強化した警察からの圧力や実力行使によって、ビジネスを維持できなくなってしまうこともある。

それを見越した東京の暴力団員たちが「それなら返さないほうがいい」と欲張って居直ってしまうこともあるだろう。抗争が長引いて、もし四代目山口組側が形勢不利となってしまえば、そのリスクは高まるばかりだろう。

そうなる前に、いち早く貸付金の回収をしてしまったほうが無難だ。

テレビニュースなどで、すでに山一抗争を知っていた東京の暴力団員たちは、早期回収を開始した竜崎に対して様々な態度を見せた。

抗争状態の山口組に変に関わってトバッチリを受けるのを恐れて直ちに全額完済をした者もいれば、その現金を即座に用意することが難しかったので、丁寧に謝罪を入れてから別の早期返済計画を申し出る者もいたが、予想通りに返済を渋る者、一和会と関係があることをチラつかせて「借りているのでその利子は払うが、付き合いがある一和会の者からは『竜崎には返済しなくてもいい』と強く言われているので、しばらく様子を見させて欲しい」と言う者もいた。

返済を渋る連中の言い分を一つひとつ聞き入れるわけにはいかない。竜崎は、彼らに対する返済の手を強めた。一和会の名前を出されたとあっては、なおさら黙って見過ごすわけにはいかなかった。

相手の事務所に乗り込んで、拳銃片手に現金を回収する日も増えた。かなり過激な回収方法だが、その時はそうするしかなかった。

東京在住の元老舗暴力団幹部の黒川氏は、

「こういう状況（抗争時）になれば、彼もそうするしかなかったでしょう。でもね、いくら回収とはいえ、余所様の縄張り内でむやみやたらと道具（拳銃）を振り回されたら少々話が変わってきますでしょう。

こちらとしてはいつまでもそういった横暴を許すわけにはいかなくなってきますよね」

何事にも限度というものがある。竜崎には貸付金の回収という正論があってのことだったとしても、だからと言って何をやってもいいとはならない。

そもそも急な早期回収というものは、カネの貸借時の返済計画とは異なってくる。借りた側からすれば、竜崎の勝手な理由によって突然の完済を迫られているわけである。

約束破りをしているのは竜崎であって、だからこそ早期返済に応じなくても筋は通る。それなのに拳銃を突きつけて早期返済を迫ることは、拡大解釈をすれば、ある意味、横暴な縄張り荒らしに通じる内容でもあった。

「竜崎を殺るべきだという声は、以前よりも増えてました。ただ竹中組は一和会との抗争の主力部隊ですから、そこの東京支部長のような人物を殺ることが、こちらにとってどれぐらいの負担になるのかがまだ計り知れなかったものですから、もうしばらく山一抗争の成り行きを見て決めたほうがいいという意見もありました。少しでも山口組側が弱くなれば、その時がそのタイミングでしたね」（黒川氏）

東京側は成り行きを見ると言っていても、すでに『竜崎暗殺計画』の下準備がはじめられていたことも事実だった。

その頃、竜崎は自身の襲撃計画についての情報を得てはいなかったが、極道としての直観で「そろそろ来るかもしれん」という感触を持つようになっていた。

「来るなら来い。それで死んだらそれが極道の寿命や」という竹中正久譲りの精神を持っていたが、山一抗争を抱えた状態で、東京で喧嘩沙汰を起こすことはプラスどころかマイナス要素でしなかった。

上京してからずっと竜崎の中に強くあった『喧嘩をせずにカネを作る』という方針が、今こそ重要視されるということをあらためて強く感じたのだった。

回収率100%の方法

だが暴力団専門金融が、コーヒーを飲みながら穏やかなお話し合いによって早期返済計画をご相談する、などというやり方では、いつまで経っても早期回収が実現されることはない。何しろ回収相手は、暴力のプロであり法律が通用しない現役暴力団員たちばかりだ。

そこで竜崎が考え付いたのは、誰が聞いても「それならしょうがない」と納得せざるを得ない方法だった。

それは『ロシアンルーレット』を用いた回収方法だった。

ロシアンルーレットとは、主にリボルバーと呼ばれる六発式の回転式拳銃に一発だけ弾丸を装填し、シリンダー（弾倉）をクルクルと廻して、弾丸がどの位置に入っているのか分からなくさせてから、一対一で相手と交互に自分で自らの側頭部などに銃口を当て、鉄爪（ひきがね）を引くロシア発祥の命懸けの運試し方法である。

運が悪ければ、自分で自分の脳天などを撃ち抜いてしまい、運がよければ、空砲だけで命が助かる。

戦時中、軍隊内で敵方の捕虜を処刑する際に用いられたり、警察が囚人に圧力を掛ける際に用いられた非人道的な殺人ゲーム・拷問のひとつとして世界中にその名が広く知られている。

竜崎は、このロシアンルーレットで回収をすることにした。もし運悪く竜崎が自分で自分の脳天を撃ち抜いてしまえば、その時点で債権者死亡により相手の借金は全額帳消しとなり、相手が運悪く脳天を撃ち抜けば、それはそれで債務者死亡による返済不能で帳消しになってしまうという、双方が公平で平等な立場での交渉ができる。

その回収中に相手がロシアンルーレットの重圧に耐えられなくなり、その途中で降参した場合は、すみやかに借金を返済してもらうという条件をつければ、早期返済を迫っても誰も文句は言わないだろうということで、竜崎はこのハイリスクな方法で回収を行なった。

取り立てる相手は一般の社会人ではなく、修羅場をいくつも乗り越えた現役暴力団員たちである。これぐらいのことでパニックを起こす相手ではない。むしろ、度胸試しとなって相手も積極的に挑んできた。場合によっては、竜崎自身が自分で自分の脳天を撃ち抜いて死亡してしまうこともあるので、竜崎のことを殺りたいと思っている暴力団員たちにとっては一石二鳥とも言えた。

「急に全額返済と言われたら大変でしょうけど、これなら平等やないですか。こっちが死んだらアンタの借金はチャラですから。まずは私から鉄爪を引きますからやりましょうや」

と竜崎が提案をすると、相手は必ずと言っていいほど「上等だ。やってやろうじゃねぇか」とロシアンルーレットに応じた。

このロシアンルーレットで使用する拳銃は、竜崎が持参したリボルバーだったが、小細工は一切なく、相手の目前で1発の弾丸を弾倉に入れて行なわれた。約束通り1発目は必ず竜崎が先に鉄爪を引いた。

確かにこの方法でなら早期返済の是非を問われて喧嘩になることはないのかもしれない。

しかし、言うまでもなく毎回確実に命懸けである。

先に1発目の鉄爪を竜崎が引く。カチッと音がする。空砲だったので、竜崎は相手に拳銃を手渡す。今度は相手が拳銃の銃口を自分の側頭部に当てて鉄爪を引くわけだが、ほとんどの者がプレッシャーに押し潰され、この時点で降参してしまい、竜崎に全額返済をするのが常だった。当然、トイチの利子分をつけてである。

「それで死んだら寿命ですわ。

ホントに命を懸けてるからスゴ味があるわけで。相手も命のやり取りの経験がある奴ですからチャカに細工しとったらバレますしね。

極道やっとる以上、これぐらいのことはせんと通用せんでしょ」（竜崎）

この方法で、竜崎は次々と貸付金を回収していった。この回収方法の回収率は100パーセントだった。竜崎がロシアンルーレット式回収方法で相手をした人数は30人以上であったという。

ということは、竹中組や四代目山口組を相手に居直って返済を渋った極道が30人以上もいたということでもある。東京の極道もなかなか大したものである。また、東京で孤軍奮闘を続ける竜崎の環境はそれだけ過酷で熾烈だったということでもある。

相手にとってはその時1回限りのロシアンルーレットであったとしても、竜崎はひとりで30人以上を相手にした。被弾する可能性がそれだけ高かったことは言うまでもない。1発ずつ交互に拳銃の鉄爪を引き合うのがルールだったが、時に、竜崎は「こっちが先に2発連続でやりますから」と先に自分のコメカミに当てた拳銃の鉄爪を続けて2回引くこともあった。そのまま自分の脳天を撃ち抜いてしまう確率は非常に高かった。

暗殺計画

「ロシアンルーレットの噂はすぐに広まってましたね。

竜崎は気が狂ったんじゃねぇかと思いましたし、その内、自分で頭を撃ち抜くだろうとも思いましたけど、結局、生きてましたね。

でも、丁度その頃だったと思います。

関西の抗争（山一抗争）がはじまってから1年も経たなかったと思います。山口組の四代目が一和会のモンに殺られたのは。

それでこっちの動きも変わりましたよ」（黒川氏）

竜崎がロシアンルーレット式回収で軍資金をかき集めていた頃の、抗争勃発から約半年後となる1985年1月。

竹中正久四代目山口組組長は大阪府吹田市内にあるマンションのエレベーター前で、待ち伏せていた一和会系の襲撃犯チームの凶弾に倒れ、大阪警察病院で死去した。享年51歳であった。

事件現場となったマンションのエレベーター前に、竹中正久四代目山口組組長と一緒にいた四代目山口組若頭の中山勝正と南組組長の南力も複数の銃弾を受け、南組長は即死。中山若頭も搬送先の病院で息を引き取った。

竹中正久四代目山口組組長が襲撃により亡くなったニュースはメディアを通じてすぐに全国へ広まり、東西の暴力団業界は騒然となった。

「殺られた時が極道の寿命や」

生前の竹中正久が常々こう言っていたのを竜崎は思い返していた。また以前、竹中正久に防弾チョッキを勧めた竜崎に「こんなもん着たら、ワシは日本一の笑いモンになるわい」とたしなめられたことを思い出した。

竹中正久は『極道』として死んだ。そう思うとすべてに納得ができた。

これから山口組による壮絶な返し（報復）が一和会に対してされることを悟り、竜崎は今まで以上に一層気を引き締めた。

「菱の四代目が殺られたのがひとつのキッカケになりましたね。これで竜崎を殺れると。普通は親が殺られれば組はガタガタになるものですから。今、竜崎のことを殺っても、竹中組はおろか山口組は動けないだろうと」（黒川氏）

そして、密かに進められていた竜崎暗殺計画が次々と実行に移された。

ある者は、拳銃を所持した状態で竜崎のことを付け狙い、またある者は、竜崎のオフィスへの襲撃の準備をより具体化させた。しかし、暗殺計画のほとんどが失敗に終わってしまう。

「イケイケの竹中組のモンで、ロシアンルーレットまでやってるような奴が、まさか長髪にジーパンとは誰も思わないじゃないですか。

当時の東京の現役にはそんなタイプはひとりもいませんでしたから。(襲撃に)走った人間も、狙う相手を見つけづらかったんですよ」(黒川氏)

事前情報を頼りにすれば、当時の東京都内には、それこそ長髪にジーパン姿の男性が大勢いて、誰が誰なのかさっぱり見当がつかなかった。長髪にジーパンというのは、当時のファッションの流行スタイルのひとつだった。

竜崎が裏で営んでいた暴力団専門金融のオフィスを狙えば、前面のブティックの賑わいが邪魔になって、普通のヒットマンや襲撃犯なら即座にこの場所は避けるものである。無理をすればカタギさんたちを巻き込む恐れがあるからだ。

夜の歓楽街で飲み歩いているところを狙おうとしても、竜崎が飲みに行くことが皆無で、賭場に姿を現すことも一切なく、殺れる場面が成立しなかった。自宅も竜崎が上京以来徹底していた潜伏行動の結果、詮索不能だった。

「とにかく竜崎のところに行って殺って来い」という暴力団特有の勢い任せのやり方が一切通用しなかった。

竜崎暗殺については前々から計画を立てていた。しかし、それは主にヒットマンの人選や道具の手配、逃走経路に見当をつけておくことに終始しており、殺す瞬間の具体的な方法については、現場優先の観点からヒットマンそれぞれの器量に委ねるのが暴力団業界の常識であった。

良くも悪くもこのヒットマンの常識が、竜崎には通用しなかったのである。

「ヒットマンはシゴトを済ませれば、長い務め（長期服役）に出なければなりません。確実に10年から15年は行くでしょう（当時）。ですから変な失敗はしたくないんです。間違えて一般人を撃つわけにもいきませんし、竜崎に半端な傷を負わせただけじゃ意味がないですし。そうなると、殺る瞬間というものは凄く限られた瞬間だけになってくるんです。

竜崎という男は、一見、後手に構えているように見せかけておきながら、実は先手を打つのが上手いですから。

こういうタイプはヒットマンにとってはやり難い相手なんですよ」（黒川氏）

「何でもかんでも先手がいいとは限りません。内容によってはジックリと待ってしっかりと状況を見極めてからやることもあると思います。

でも、喧嘩いうもんはそもそも先手が大事です。『先』に相手を封じ込めたら勝ちでしょ。先に相手を殺してしまったら勝ちでしょ。だから『先』なんですよ。あくまでも喧嘩はね。

自分らは喧嘩屋ですからそれでいいんです。それで喧嘩いうもんはドンパチだけやないですから。戦争でいうたら機関銃撃って、戦闘機飛ばして、ミサイル打って、いうだけやないですから。相手を先に封じ込めたらいいんです。その方法は無限にあります。でもとにかく大事なことは先にやっとくことです。

先手必勝いう言葉は、威勢のよさや勢いのよさだけを言うんやなくて、いろんな先手がある言うことを諭してる部分もあるんでしょうね」（竜崎）

こうして竜崎は東京の暴力団員たちに対してすでに『先手』を打っていたことで彼らからの襲撃をかわし続けていた。

上京してから徹底していた『派手さを嫌って自分のやるべきことに対してストイックに励む』ということからすべてがはじまっていた。

竜崎を狙ったヒットマン

黒川氏の紹介で、実際に竜崎の命を狙ったヒットマンであった人物からも直接話を聞かせてもらうことができた。

現在では暴力団業界から離脱し、カタギとしての人生を送っている。当時は古くから関東を縄張りとするヤクザ組織の流れをくむ老舗暴力団の三次団体幹部だった。

もうご高齢の身であったが、全身に入れた刺青が袖先から見え、時折見せる眼光の鋭さがかつての経歴を感じさせた。仮に、彼のことを吉岡氏と呼ぶことにする。

吉岡氏が所属していた組は、バブル好景気の東京を活動拠点としており、東京23区内中で特に台東区、足立区、江戸川区界隈を縄張りとしていた。台東区は竜崎が活動拠点としていた浅草があるエリアであった。

「竜崎さんは変な目立ち方はしてはいませんでした。普段の素行も良かったと思います。カタギさんからの苦情もありませんでしたしね。

でも、組員同士の会話になるとよく名前が出てましたね。確かヤクザ相手のカネ貸しもおやりになってましたでしょ」と吉岡氏は話しはじめた。

「西から来た得体の知れない奴だと思いましたね。山口組の鉄砲玉疑惑もありましたけど、私は、彼が鉄砲玉だとは思わなかったですね。

カネ貸しだけじゃなくてブティックもおやりだったでしょ。そんな商売をやってる人が鉄砲玉だとは思えなかったですね」

吉岡氏の読みは鋭かった。普通、鉄砲玉をするような者はブティック経営などしない。

乗り込んだ先の相手に対して徹底的に嫌がらせを繰り返して、相手をとことん挑発して、抗争の原因を自らの体を張って作り出すことが最優先となる鉄砲玉が平然とブティックを営んで日々の売上向上に努めることはどこか的外れだ。そのため、吉岡氏は竜崎のことを『得体の知れない奴』だと判断していた。

「そりゃ暴力団ですから、やる時はやるんでしょうが、それにしたって、向こうから仕掛けてくる理由は、当時は特にありませんでしたからね。

山口組や竹中組については、竜崎さんのお陰で私もあれこれと調べて詳しくはなりましたけど、それでいきなり抗争を仕掛けてくるとも思えませんでした。ヤクザの抗争には理由、大義名分ってのが必要になりますから」

吉岡氏は、山口組が全国侵攻を展開していることはよく理解していたが、東京に乗り込んでくるだけの理由が山口組にはまだなかったと考えていた。

もしも竜崎が鉄砲玉として上京をしていれば、東京の暴力団と喧嘩を起こし、竜崎が大怪我をする、その喧嘩で殺されてしまう、そういった原因作りに精を出しただろう。

そうすれば竜崎の仇討ちを大義名分として山口組が東京に乗り込むことができる。だが、竜崎はブティック経営に精を出し、暴力団専門金融を営み暮らしていた。吉岡氏は、竜崎が鉄砲玉だとは思えなかったので、山口組が東京に力ずくで乗り込んでくる可能性は低いと考えていた。その中で山一抗争が日々メディアで取り上げられるようになっていた。

「大きい抗争をやってましたからね。その状態で、関東や東京にまで手を出してくるとはどうしても思えなかったですね。

でもね、関東は昔から縄張りにうるさい土地ですから。余所者がうろついていると何かと言う人も多いんですよ。相手が誰であろうが、ここはうちの縄張りなんだからこっちは一歩も引くな、絶対に引くな、みたいな話になってね。

向こうにその気がなかったとしても、段々こっちは何かあった時は引かずに殺ってしまえ、みたいなムードが自然とできあがってくるんですよね」(吉岡氏)

関東ヤクザの一部では、組同士の抗争となると大義名分が必要になるが、ひとりの組員が個人的な喧嘩を起こして相手を殺してしまうことについては、大義名分がなくても、やってやれない話ではないという考え方もあった。この考え方に、竜崎をハメ込めばいいという意見もあがっていたようである。

というのも、山一抗争という大きな抗争を抱えていた山口組の現状では、仮に東京で竜崎が殺されてしまっても、それを理由にした抗争とはなり難いだろう。なら、このドサクサに紛れて、目障りな竜崎のことを殺すのはいいタイミングではないか？　といった悪質な打算が吉岡氏の周辺にも蔓延していたのだった。

「カネの貸し借りで、竜崎さんに個人的な喧嘩を吹っ掛けた奴もいたみたいですが、みんなやられてましたね。

その辺りから『竜崎ってのは相当な野郎だ』と言われるようになってましたけど、私としてはそれは当たり前というか、だってひとりで東京に来た人でしょ。自信がなきゃ来れないですから。元々相当な人だったんですよ。
それをこっちの連中がナメてかかったもんだから足元をすくわれて料理されちまうんですよ」（吉岡氏）
吉岡氏には、過去の抗争で犯した罪で長期服役の経験があった。塀の中という隔離された空間で長年に渡って培ってきた人間観察力のお陰で、暴力団員として人を見る目に磨きがかかったそうである。
「でもね、暴力団ってのは不思議なもんで、相手が相当な奴だと認識すると、それはそれでもっと盛り上がるというか、その人のことを殺って自分の名前を高めようとする奴も出て来るんですよ。
まぁ暴力の世界ですから。そういう考え方もありますよね。私のところの会長も、何かあった時はいつでも殺るって、随分と息巻いてましたから」（吉岡氏）
バブルに沸いた当時は、土地神話と呼ばれるほど土地価格が短期間の内に急高騰し、不動産ビジネスに関わる者たちに巨万の富を授けた。暴力団員たちにとっても例外ではなく、バブルを機に不動産業者と本格的な不動産ビジネスに乗り出す者もいれば、地上げや占有といった不当行為で暴利を稼ぐ者もいた。

吉岡氏の組でも地上げや占有を数多く扱っていた。地上げとは、不動産管理業者や開発業者たちから依頼を受けて、目的の不動産を持つ地主や借家人を立ち退かせる業務である。立退料などで折り合いがつけばスムーズな交渉が行なわれるが、交渉決裂や拒否された場合は、地主や借家人に対して、立ち退きを目的とした暴力団員からの嫌がらせ行為が繰り返された。

そして占有とは、地上げとは逆に、そこに居座って地上げ交渉時の立退料を吊り上げさせる不当行為のひとつである。

もし、地上げサイドが暴力団員であり、占有サイドも暴力団員といった状況で、暴力団員同士がお互いにぶつかった場合は、組の力関係でどちらかに軍配が上がる場合が多いが、時には当事者同士で喧嘩沙汰になってしまうこともあった。

そして、竜崎の若い衆がとある物件で占有行為をしていたところ、その地上げ担当が、吉岡氏が所属していた組であったことから、吉岡氏の組では、竜崎に対して嫌悪感を持つようになっていた。

交渉の結果、吉岡氏の組は地上げを諦めたが、その報復として竜崎の命を狙うことがこの組の会長から吉岡氏に命令された。

「会長としては、このまま竜崎さんたちがいれば、今回は見逃しても、どうせまた次でぶつかることもあるわけですから、だったらもう殺ってしまえといった感じでした」（吉岡氏）

そして、吉岡氏は、竜崎の命を獲ることに狙いを定めた。

ここで、筆者は、吉岡氏に対して次のような提案をしてみた。

「竜崎さんと会ってみませんか？」

この提案に、吉岡氏はかなり戸惑ったが、今はもうカタギであることが決め手となって、吉岡氏は、竜崎との面会を了承した。

そして、吉岡氏と竜崎との面会日が決まった。それは、現役時代から数えて約30年以上を経た対面であった。

邂逅 狙う者と狙われる者

とある平日の午後。筆者が同席し、吉岡氏と竜崎の面会が浅草の飲食店で行なわれた。

吉岡氏と竜崎は、お互いに席に着くとスムーズに挨拶を交わして、和やかに思い出話に花を咲かせた。

吉岡氏「どうも」

竜崎「こちらこそ」

ふたりの対談は、筆者からのたってのお願いであり、当時の様子を聞かせてもらうインタビュー形式で実施した。

Q 竜崎さんの命を狙うこととなった際、どのような心境になりましたか?

吉岡氏「竜崎さんに個人的な恨みは一切ありませんでした。会長に殺れと命令されたら、そうするしかないですから。これと言った感情は持たないようにしていました」

Q　竜崎さんは、吉岡さんから狙われていたことを知っていましたか？

竜崎「正直、知りませんでした。あの当時、いろんなところから狙われてましたから」

Q　実際、どのように竜崎さんの殺害計画を行なったのですか？

吉岡氏「浅草の場所はもう知ってましたから。どこかのタイミングで殺ろうと決めていました。状況（現場状況）からして、何人かのチームでやるより、私ひとりのほうがやりやすいと思ったんで、私ひとりで、ブティックを覗きに行ってました」

Q　ブティックの店内に入ったんですか？

吉岡氏「客のフリをして入りました。その時、竜崎さんはいませんでした」

Q　もし、店内に竜崎さんがいたら、殺ってましたか？

吉岡氏「かもしれません。状況にもよりますけど。客のフリはしていましたけど、道具

（拳銃）を懐に入れて店に入りましたから」

Q　店内にいなくてよかったですね。

竜崎「そうですね。もしいたら危なかったかも分かりませんね。どんな相手でも、相打ち覚悟とか、死ぬ気で来られたら、こっちは殺られてしまいますから。そういう意味では狙うモンのほうが強いですから」

Q　実際に、ブティックにヒットマンが入店して来たわけですが、普段からそこに対しての対策はなかったのでしょうか？

竜崎「あの頃、毎日、お客さんが来てましたから。さすがにここでは殺らんやろうと思ってましたから、これと言った対策はしてなかったですね」

Q　ターゲットが大胆だったということでしょうか？

吉岡氏「別の方法もあったのかもしれませんが、私としてはそうするしかないと思ってました。とにかく竜崎さんは得体の知れない存在でしたから。でも商売御熱心なせいか、ブティックではよく目撃情報がありましたから、ここで殺るしかないと思ってました」

Q　そして、実際にヒットマンが入って来ました。今これを知ってどう思いますか？

竜崎「おらんでよかったですわ。多分、仕入れに出てたんやと思います。あの頃、よう け売れてましたから、仕入れにもよく出かけてましたからね」

Q　今もしその時にいたら殺っていた、という話が吉岡さんからありましたが、張本人の吉岡さんを目の前にしていかがですか？

竜崎「ええ極道やと思います。上から殺って来いと言われたら殺るしかないですから。でも、それがようできんモンもおります。

吉岡さんみたいに店の中に入って来んモンも実はようけおりますでしょ。普段は偉そうなこと言うとっても、その時になったら、急にどこかに行ってしまったりね。その点、吉岡さんは、道具持って殺る気で店の中にまで入って来られたんですから、ええ極道やと思います」

吉岡氏「恐れ入ります」

Q　その後、どうなりましたか？

吉岡氏「1週間ぐらいでしたか、毎日、ブティックの周りをうろついて。電話で会長に報告を入れていました。そうしたら、会長から『中止にしろ』と指示が来ました。本家の執行部から『関わるな』という通達が出たそうで」

Q　山一抗争をやっていた山口組には関わるなという意味ですか？

吉岡氏「はい、そうです。うちは三次団体でしたから、本家からの通達には従わなきゃなりませんから」

Q　会長（三次団体会長）はそれで納得していたのでしょうか？

吉岡氏「もちろん納得しています。そりゃ本当の腹の中までは分かりませんよ。

でも、本家からの通達ですから、異論はないです」

Q　その後、吉岡さんはどうされたんですか？

吉岡氏「もうブティックには行かなくなって、とにかく竜崎さんや竜崎さんの若い衆たちと町中でも極力顔を会わせないようにするというか、見て見ぬフリをしたほうがいいと思いました。

その後は、いつも通りの生活に戻りました。普通に（組の）当番に行ったり、飲みに行ったりしてましたよ」

Q　ニュースなどで一般の殺人事件の動機を知ると、個人的な遺恨によるものが多いです。

それと比べると、暴力団員は個人的な恨みもないのに、命令によって相手のことを殺しに行くわけですが、それにどこか無機質で非人間的な印象を持つ人もいると思います。

これについてはどのようにお考えですか？

吉岡氏「もし個人的な遺恨だけで人を殺せば、殺しを行った人だけが気がすむだけで、それはとても無益な殺生になると思います。でも、相手が殺される、この世からその相手がいなくなってしまうことで、いろんなことが収まるのなら、それは無益な殺生とはならなくなると思います。何もかもが話し合いだけで解決できるとは限らず、時には暴力や殺し合いでしか解決がつかないことがこの業界にはあると思います。

話し合いですまなかったことをずっと放置し続けていつまでも未解決のままにして、もっと悪い状況を招くぐらいだったら、さっさとケリをつけたほうがいいと思います。

もしかしたら元々人間はそんな生き物なのかもしれません。私は学者じゃありませんからそこらへんのことはあまり分かりませんけど、物事を手っ取り早く解決するのがヤクザ者の得意なところですから」

Q　竜崎さんは自分の命を狙った吉岡さんのことを許せますか?

竜崎「許します。殺れ言われたら殺るしかないんですから。もし自分は殺りたくなくても、殺れとなったら、殺らなあかんのが極道いうもんですから」

Q　もし、あの時、ブティックに竜崎さんがいて、入店した吉岡さんに撃たれて死んだとしても、あの世で竜崎さんは吉岡さんのことを許せますか？

竜崎「許します。それが極道いうもんです」

それからも竜崎と吉岡氏は、バブル時代の東京の昔話などに花を咲かせ、丁寧な別れの挨拶を交わしてからそれぞれ退席した。

吉岡氏からも、竜崎からも、それぞれが持つヤクザとしての、そして極道としての信念を強く感じた。

両者は、もうすでに現役暴力団員ではないが、彼らの強い信念を目の当たりにすると、こういった信念は、身分や社会的立場によって生まれるものではなく、本人の人生観が根本にあり、本人の生き方によって五臓六腑から滲み出て来るものであると痛感させられた。

四代目を失った山口組

竜崎が東京で命を狙われていた頃、竹中正久四代目山口組組長、中山勝正若頭、南力組長を喪い、山口組は、四代目山口組組長代行として中西一男、若頭として渡辺芳則の体制となり、一和会に対して猛烈な報復攻撃を開始した。それはまさに血で血を洗う泥沼状態へと突き進んでいた。

特に弘道会、豪友会、竹中組、後藤組、古川組、宅見組、章友会、山健組といった直系二次団体による攻撃は苛烈さを極め、多数の死傷者や逮捕者を生みながらジリジリと一和会を追い詰めていった。

竜崎は、この抗争は長引くだろうと判断していた。いくら喧嘩の山口組が猛攻撃を仕掛けているとはいえ、相手も元は同じ山口組の面々である。そう容易に物事が進むはずはない。長期化するのであれば、竜崎としては、さらに抗争資金を捻出しなければならないのが明白だった。

バブル好景気の消費中心経済の波に乗り、開店したブティックの売上は順調だったが、山一抗争の影響で暴力団専門金融は閉業に向かっており、竜崎は、さらなる資金獲得を目指し、新たなシノギを開拓しなければない必要性に駆られていた。

本来なら、抗争がはじまると暴力団員はシノギができなくなるのが普通である。殺し合いも厭わない喧嘩の最中に商売なんかできるはずがない、といったわけである。抗争での行動が原因で警察に逮捕される可能性が平時よりも高まり、そのせいでシノギができなくなることも多かった。

抗争期間中、多くの組員たちは組からの陣中見舞金（支給金）や軍資金として各自が蓄えていた貯蓄を切り崩し、時にはギャンブルに頼るなどして、どうにかこうにか生活を続けるものである。

そのような状態を熟知していた竜崎としては、資金獲得が任務である東京部隊としての重責を全うすべく新たなシノギを生み出すことが急務となっていた。

新たなシノギ

1985年頃。我々の身の回りではキャッシュディスペンサー（ATM）や新幹線の予約システムなど、コンピューターと通信回線を融合させたネットワークを使ったシステムが使われはじめていた。そのシステムを狙うようなデータ抜き取りや改ざんなどのコンピューター犯罪も増えはじめ、各企業などでは、多様なセキュリティが必要とされつつあった。

いっぽうで、一般家庭へのコンピューター機器の普及率はそこまで高くはなかったことから、セキュリティと言えば強盗犯、窃盗犯、痴漢などから自分の身を守る防犯対策が主流で、女性は痴漢対策として小型の防犯アラームを買い、男性は自宅玄関に防犯カメラを設置するなど、巷の人々の間でちょっとした『防犯グッズブーム』が沸き起こっていたのだった。

また、大手コンビニチェーンの出店も各地で盛んとなり、コンビニの防犯対策を利用者が目にする機会も増え、防犯グッズブームを拡大させていた。

竜崎はここに目をつけた。「暴力団員の自分のほうが、カタギの商売人よりも防犯についてはプロフェッショナルである」という知識とプライドがあった。そんな自分が提供する防犯グッズならカタギのお客さんたちにも必ず喜ばれるだろうと考えていた。

「暴力団員ごときがプロの商売人よりもプロを名乗るとはけしからん」となるかもしれないが、竜崎は、上京時からセキュリティに関してはどの一般人よりも徹底した経験を積んでいた。数々の犯罪で構成された世界にその身を置き、命のやり取りまで経験している暴力団員だからこそ、防犯意識はプロさえも上回る知識と経験を持っていると言えた。

竜崎は手始めに、催涙スプレーの販売をはじめた。催涙スプレーとは、暴漢に襲われた時に襲撃者の顔などに向けて噴射することで、眼や鼻に痛みを与えて動きを抑制する防犯グッズのひとつである。

当初は1本約800円で仕入れた物を1800円で売れれば充分だと考えていたので、子分たちから「いくらで売りますか?」と聞かれた際に、竜崎は「イチハチや」と答えた。

カタギの商売に不慣れで販売相場の知識が乏しかった子分たちは、てっきり「売値1万

8000円」だと勘違いして、その値段で販売開始に踏み切ってしまった。

竜崎が、子分らの勘違いに気が付いた時はもう時すでに遅しで、この催涙スプレーは1万8000円という高額商品として流通していた。しかし、まさかとばかりに催涙スプレーは飛ぶように売れており、月間売上は、瞬く間に数千万円規模の商売となっていた。これもバブルの恩恵だったかもしれない。

さらに追い風となったのは、防犯ブームが訪れていたが、催涙スプレーの市場は大手企業に浸食されることもなく、防犯グッズ業界は小規模な販売会社による流通が主体で緩やかな競争状況下であったことから、竜崎は、催涙スプレーの値下げをせずに1本1万8000円という高値のまま売り続けることができた。

そして、その儲けは莫大で、まさに竜崎は『バブル期の防犯ブームでヒトヤマ当てた人』となった。

「若い衆が売る値段を間違えてくれたお陰ですから、ホント、若い衆に感謝してますわ。それにしても、東京やバブルいうもんは恐ろしいもんやなぁとつくづく思いましたよ」

（竜崎）

竜崎の防犯グッズ販売は、まさに環境とタイミングが産み出した幸運であった。

竜崎という人物は暴力団員なのに暴力団員らしからぬ素振りが多い。すでに社会には暴力団員という一定のイメージが根付いており、そのイメージ通りでなければ暴力団員として見られないこともある。そのため必要以上に暴力団員としてのイメージに固執する暴力団員も多い。偏見や固定概念の中に自ら埋没する者とも言える。

暴力団員なら暴力団特有のビジネスをやってこそ、世間様から暴力団員として認めて貰えると思い込んでいる者も多い、だが、竜崎にはそういった体裁を整えようとする考えが薄かった。それよりも、目的を達成するためなら、未知なる土地や領域へ飛び込む『開拓者精神』が旺盛だった。新しいものを恐れず、そこに新たな価値を見出していく能力を持っていた。

いっぽうで、竜崎には暴力団員としてのこだわりもあった。そもそも老舗暴力団がひしめく浅草に事務所を構えたのも、山口組の代紋の重さを考慮したからであり、カタギ衆に迷惑を掛けないよう配慮しながら、敵地の東京で孤軍奮闘しながらストイックに喧嘩に備えていた。

もしかしたら、世間が考える暴力団のイメージと、竜崎が実際に体を張って通してきた暴力団としてのやり方にはやや相違があるかもしれない。

それはつまり、世間のイメージ通りではない極道もいると竜崎が身をもって証明したといえる。もしかしたら、世間が考えるよりも、竜崎のやり方のほうが、正しい極道なのかもしれない。

山一抗争の行方

竜崎が東京でなんとか軍資金を生み出そうと苦心している間にも、山一抗争は死者30名以上、負傷者60名以上、逮捕者５００名以上の状態となり、その過激さから山口組の戦闘力が存分に発揮された抗争の代表例と見られがちだが、山一抗争は、表面的な暴力行為のオンパレードだけでなく、山口組による裏工作の周到さも発揮された抗争だとも言えた。

一和会系の組員たちを口説き落とし、山口組に戻す『切り崩し工作』が毎日のように行なわれていたのだ。そのせいもあって、一和会の勢力は日に日に減少していったわけだが、その中で山口組優勢の流れを最も大きく導いたのは、一和会の重鎮である加茂田重政だった。

加茂田重政は三代目時代からの古強者であり、三代目組長代行補佐を務めたこともあり、もし故・山本健一若頭が山口組の四代目に就いていたら、加茂田が若頭になっていただろうとまで言われていた人物である。

山本広を推して一和会に参画した際は、一和会副会長兼理事長という組織の大黒柱的存在となっていた。

当時の報道では、竹中正久四代目山口組組長暗殺に加茂田組は加わってはおらず、襲撃メンバーは山広組によるものだったとされているが、事情通や関係者の間では、加茂田組からも襲撃チームに加わっていた者がいたという噂が巡っていた。

そこまで言われるほど、山一抗争における一和会側の大司令官が加茂田重政だったのだ。

そして山口組側は、この加茂田重政と密約を結ぶことに成功していた。

その内容は、竹中正久四代目山口組組長の弔い合戦にある程度の収まりがついた時点で、加茂田重政をはじめとした一和会の幹部たちの山口組への復帰を許す代わりに、弔い合戦の最中は手を出さない、山本広一和会会長が降参するまで動かない、というものだった。

そもそも山口組が四代目側と一和会側とに分裂したのは四代目の跡目問題が原因であった。それは醜い利権争いや派閥闘争の成れの果てではなく、加茂田や一和会の幹部たちからすれば「四代目は竹中ではない」「山広で決まっていたものを竹中が横から出てきてひっくり返した」「山口組に恨みはないが竹中は許せん」という思いによるところが大きく、竹中が死んだ現状では、正直なところ、山口組に戻りたいという本音があったのだ。

そういう意味では、山一抗争は敵国同士の対決というよりは『一国内の内紛』という性格が強かった。実際、抗争開始直後から、山口組に復帰する一和会系組員も数多くいた。

この復帰に至る密約は、加茂田にとってだけでなく、山口組にとってもその後の体制作りを考えた際に重要であった。一和会の中心的存在である加茂田重政がいれば山口組に復帰した元一和会の者たちをまとめやすい。また山口組に復帰をしなかった元一和会の残党たちによる、その後の復讐の連鎖である二次抗争を抑止することも見込めた。加茂田にはそれほどのカリスマ性があった。また、山口組のほうでも、三代目時代からの重鎮である加茂田は、依然として人望が厚かった。

確かに山口組は自分たちの親分を殺した連中を復帰させるのか？　という疑問がある。それは一和会の山本広会長が責任を取って、一和会を解散させれば、償いとして成立する。辻褄合わせのような印象もあるだろうが、元々が内部抗争であり、分裂した山口組をひとつにまとめることが先決であるとするならば、これもまた抗争終結とその後を見据えた企みであるとも言えた。

加茂田は、この密約に従って竹中正久四代目山口組組長暗殺後の抗争ではまったくと言っていいほど、行動をしていない。数々の抗争を通して喧嘩の山口組を支えてきた加茂田重政が完全に沈黙したのだった。

この頃、加茂田重政の脳裏には抗争終結後の山口組の再構築についての青写真が浮かんでいたのだろう。

そして1987年2月。稲川会と会津小鉄会の仲裁協力により、山一抗争は終結した。しかし、仲裁条件に一和会の存命と山本広の続投が盛り込まれており、解散も引退もしなかったため、山口組内で猛反発が起こり、加茂田との密約が軌道から大きく逸れてしまった。

密約は、抗争終結後は、山本広会長は引退して一和会は解散するのが前提で、加茂田をはじめとした主だった元一和会の幹部たちが山口組に復帰して新五代目体制を作っていく計画だった。しかし、山本広会長の引退と一和会の解散が実現していない現状では、復帰の筋書が完全に狂ってしまった。

その結果、加茂田や主だった幹部たちの粘りが利かなくなり、彼らが引退して彼らの組を解散させることを余儀なくされた。

一和会は、抗争終結後も一応存続していたとはいえ、激しく衰退した。孤立状態となった山本広会長は、山口組系列の組員たちから激しい襲撃を受け続けた。その中でも竹中組配下で安東会会長だった安東美樹（その後の六代目山口組二代目竹中組組長）に自宅を襲撃されたのが決定打となって、完全に意気消沈した山本広会長は1989年3月、稲川会会長に付き添われながら山口組本家を訪問して謝罪をした。それと同時に、山本広は一和会を解散させて暴力団業界から引退した。こうして山一抗争が完全終結した。

だが、このことにどうしても納得できなかった者がいた。その者とは、竹中正久の実弟である竹中武だった。

竹中武は、竹中組で副組長を務め、岡山県岡山市を拠点に四代目山口組の猛者として名の知れた超武闘派だった。

彼は、山本広会長の引退と一和会の解散だけでは手ぬるいとして、あくまでも山本広殺害に的を絞って拘り続けていた。

すでに山一抗争は手打ちとなって完全終結し、引退した山本広はもうカタギとなっていたため、竹中武のやり方にはいささかの無理があった。

その頃、山口組は渡辺芳則を五代目組長とし、宅見勝を若頭とする五代目体制が発足（1989年4月）しており、竹中武に対して「山広を狙うな」という説得を何度も試みたが、竹中武は一貫してこれを拒み続けたことから、執行部と竹中組の関係は日に日に悪化。そしてついに『山竹抗争』（1989年7月）を引き起こしてしまった。

山口組と対立することになった竹中武は菱の代紋を下ろして、独立組織として五代目山口組との抗争を躊躇なく続けた。

竹中組との決別

この状況について、竜崎は、山口組、そして竹中組の東京責任者としてどうするべきか思案していた。これまで竹中組のためだけではなく山口組全体のことも考えながら東京で孤軍奮闘してきた立場としては、竹中武と五代目山口組が抗争をすることに大きな心苦しさを感じずにはいられなかった。

その頃、五代目山口組体制になったことで、新たな執行部人事が決定し、竹中正久の舎弟で竹中組の大幹部だった佐藤邦彦が山口組の歴史はじまって以来の『組長秘書』という新設ポストで直参昇格し、自身が率いていた佐藤組が直系団体となった。つまり、それまで竹中組の重鎮だった佐藤組は、これを機に竹中組と袂を分かつこととなった。

佐藤組は新設された五代目山口組組長秘書として、のちに山口組の金庫番と言われるまでの有力直系二次団体としてのキャリアをスタートさせた。

これに伴なって、竜崎も竹中組を離れ、東京では初代竹中組の東京責任者から佐藤組の東京責任者として渡世を歩むこととなった。

「武さんのお気持ちも分かりますけど、極道は死んだ時が寿命ですから。四代目（竹中正久）もそうおっしゃってましたから。自分としては納得してましたね。相手も引退して解散してますしね。

今後は、抗争で亡くなった人の供養もせんといけませんし、長い懲役に出たモンが安心して帰って来れる受け皿もないといけませんから。人数もようけ務めに出てますからね。そういう意味では、しばらくは抗争はやらんほうがええと思うてましたよ。大きな抗争が続いてましたから、今からしばらくは復興をせなあかんやろうと思うてましたね。

自分は浅草の金融もひと段落ついてましたから、新しく五代目体制ってことで心機一転という気持ちでおりました」（竜崎）

五代目山口組時代

五代目山口組の時代になると、すでに竜崎によって東京に敷かれた山口組進出のレールによって、東京に拠点を構える山口組系組員たちも増えはじめた。そして、五代目山口組は、その誕生直後から組の内外に『平和共存路線』を打ち出して、全国各地の他団体との友好関係を保つようになった。

この頃から『山口組は多摩川を越えず』という言葉が東京でもよく聞かれるようになった。

これは田岡三代目時代からある暴力団業界の不文律であったが、正確には『力では山口組は多摩川を越えず』であり、全国侵攻の旗印の下で積極的な抗争による東京進出はしないという意味合いを持っていた。それが五代目時代になると、山口組全体の指針として色濃く浮かび上がるようになった。

これは東京を中心とする老舗暴力団組織の顔を立てる暗黙の了解でもあった。

この不文律もあり、五代目時代も、竜崎は、とにかく抗争の火種を作らないよう細心の注意を払いながら東京での活動を続けた。

しかし、暴力団員ゆえに命のやり取りになる場面も多かった。彼は、その度に開拓者精神でその危機を乗り越えていた。

五代目山口組が平和共存路線へと舵を切ったことで、経済収益の拡大を求めてバブル好景気で潤う東京にやって来た山口組系列の組員たちは、東京で抗争を起こさないように他団体との接触について気を配っていた。

しかし、それはあくまでも他組織に対しての話であって、同じ山口組の者同士には当てはまらないという考え方を持つ者も多くいた。

そもそも山口組には、古くから同門同士での喧嘩沙汰を禁ずるというルールがあった。仮に喧嘩を起こしてしまった場合は、如何なる理由であろうとも喧嘩両成敗で、当事者双方を処罰するという厳しい裁定が執行部により下されるのが習わしだった。

しかし、先日まで続いていた山一抗争は、表面的には四代目山口組と一和会という他団体間の抗争という体裁になっていたものの、実際には、誰が見ても同門同士の喧嘩沙汰であり、抗争終結時の手打ちのやり方も内部抗争ならではの決着の付け方だったことから、多くの山口組系列の組員たちにとって、同門同士の喧嘩沙汰を禁ずるという意識がかなり薄れてしまう結果に繋がってしまっていた。

五代目体制が発足した翌年の1990年には、在京暴力団である二率会系列の組員が宅見組系列の組員を刺殺したことで勃発した『八王子抗争』に宅見組が勝利したのを境にして、宅見組をはじめとした山口組系列の組員たちの東京進出が増加した。

特に、バブル好景気らしい華やかな稼ぎを目指して上京した者たちにとっては『例え同じ山口組の者と揉めてでも大金を手にしたい』という意思が強く、この時期の東京では、他団体との衝突よりも同じ山口組系列の者同士のバッティングが増えはじめていた。

この頃、竜崎は五代目の平和共存路線に乗って、一般企業相手の街金融も営んでいた。

上京した頃は暴力団員相手の金融しかしなかったが、それは東京での山口組と竹中組の知名度を急激に高める目的もあってのことだった。その目的が完遂された今となっては、積極的に危険行為に身を投じる必要もなく、むしろ東京での経済的なコネクションをもっと太くしていくために、カタギの実業家や会社経営者たちとの付き合いを広めることが優先された。

その手段として、カタギの実業家や会社経営者たちに貸し付けを行なうことが手っ取り早かったのだ。

当時の東京では、バブル景気の波の中で、様々なビジネスが毎日のように浮き沈みを繰り返していた。好景気とはいえ、すべての事業家や経営者が平等に実を得られるとは限らず、今日明日の急な事業資金を必要とする者も多かった。

「もし今日の夕方までに1000万円あったら会社が助かる」「明日の昼までに500万円用意できればもっと儲かる」といったセリフが飛び交うのも日常茶飯事だった。

それだけに各銀行も『貸し出し優先』で融資競争も過熱していたが、とはいえ今日の夕方まで、明日の昼までに多額の現金を用立てるというスピーディーな対応はしてくれなかった。そういう時に、竜崎のような街金融がその存在感を強めた。

ほぼ無審査で、担保と信用だけで即時に現金を届けることを持ち味とする街金融は、登録業者ではない無許可の高利貸し業者であっても、多くの会社経営者たちから重宝された。

街金融が用立てた多額の現金のお陰で、会社の急場を凌ぐだけでなく、うまくいけばバブル好景気のチャンスを鷲掴みできる一攫千金のチャンスもあり、実際に大成功した者もいたが、なかには、雪達磨式に借金が増えて経営破綻に陥る者もいた。その模様は、まさにバブルによる天国と地獄とも言えた。

竜崎は、とある債権の取り立てに出向いた際、同じ山口組系列の組員と対峙する羽目になった。相手の男は、竜崎が持つ債権を放棄しろと大阪弁で頭ごなしに捲し上げてきた。

「東京の連中とはやっぱりちゃうなと思いましたわ。

久しぶりに関西のモンと出くわして懐かしい感じがしましたよ」(竜崎)

上京してから、かれこれもう10年以上が経っていた。その間、竜崎は、常に東京の暴力団員たちばかりを相手にしてきた。学ぶこともあったが、多くの場合はどことなく物足りなさを感じ続けていた。

喧嘩にならないように細心の注意を払いながら、あの手この手で難を乗り切ってきたとはいえ、もしも喧嘩になった時は、それならそれでもいいと覚悟を決めていた。

だが、喧嘩になることは一度もなかった。それは竜崎のストイックな努力の積み重ねの結果によるところでもあったが、一方で度肝を抜かれるような奴に出会ったことが一度もなかったともいえた。これまでの多くが常に竜崎の想定内で、都会の暴力団員はみんなどこかスマート過ぎて、相手の目玉を素手でくり抜いてでも前に進むような荒々しさが足りなかった。もしそんな奴に出くわしていたら、竜崎はもうこの世にはいなかっただろう。

そして、今、眼前にいるこの男は大阪から乗り込んで来て、竜崎に対してどこまでも反抗的で、こちらの言い分を一切聞き入れることなく、大阪弁で自分の言いたいことだけを捲し立てている。竜崎からカネを借りた人物から『踏み倒し』の依頼を受けて、ここで竜崎と対峙しているわけだが、

「カネのことは忘れろや。それができんのやったら死んで貰うで」

と、この男は竜崎に対しておもむろに拳銃の銃口を向けていた。

竜崎にとって、この感覚はとても懐かしかった。大学生時代、暴力団員と対等に喧嘩がしたくて暴力団員になった。その後は、希望通りに暴力団員相手に喧嘩を繰り返した。大学卒業後、本格的に暴力団員として歩みはじめてからも、数々の抗争に関わり、まだ日本の暴力団員がパイプを持っていなかった時代のハワイの暗黒街で銃器密売ルートを開拓し、山口組の抗争を陰で支えてきた。竜崎は、ある意味でずっと戦場暮らしを続けてきたようなものである。

上京してからも戦場生活は変わることなく、敵地の東京で孤軍奮闘しながら資金工作を展開し、気が付けば己の命を常に懸けたロシアンルーレットまでやり出していた。五代目体制となって平和共存路線が敷かれたことで、ずっと続いていた戦場暮らしが解けたわけ

だが、それはそれで物足りないものがあった。

そんな時、荒削りな大阪弁の男から一方的に銃口を向けられた。だが、竜崎もまたこの男の言い分を一切聞き入れようとはしなかった。

「それなら死んで貰うわ」

と、この男が躊躇なく拳銃の鉄爪を引こうとした時、

「ちょっと待たんかい。チャカ持っとるんはお前だけやないで」

と、竜崎は言った。

竜崎は、テーブルの下からこの男に対してもうすでに拳銃の銃口を向けていた。それに気が付いたこの男は面食らってしまった。

竜崎には男を撃つ気はなかった。もっと言えば、この男のことを気に入っていた。そして、この男がこの状況でどう対応をするのか興味があった。命乞いをするのか、それとも相打ち覚悟でこのまま撃ってくるのか。

この男は、あろうことか、

「兄弟分になってくれまへんか？」

と申し出たのだった。その言い分は完全に竜崎の度肝を抜いていた。この状況で、なぜこんなことが言えるのか、皆目見当がつかなかった。

借金の踏み倒しに来て、拳銃を向け合ってる相手に対して、兄弟分になる申し入れをすることは、どう考えても普通ではなかった。

この男は藤咲明男と言い、元々菅谷組の流れを組む五代目山口組直参奥浦組に所属する者だった。竜崎が所属している佐藤組の初代は、ひと昔前の竹中組の舎弟になる以前は菅谷組で若頭補佐の要職を務めていたこともあったので、当然のように元菅谷組の面々とは親交が深かった。この当時、佐藤組は渡辺芳則五代目山口組組長の秘書を務めており、同じく旧菅谷組出身となる奥浦組は五代目のボディガードを務めることが多かった。その佐藤組の東京責任者が竜崎であり、奥浦組の東京切り込み隊長が藤咲であった。

そんな関係もあって、竜崎は藤咲に対して友好的な気持ちを持つようになった。そして、藤咲からの兄弟分の申し入れを快諾した。ちなみに、暴力団員になってからの竜崎が兄弟分になったのは、この藤咲ただひとりだけであった。それからの日々、竜崎は藤咲と共に東京で数々のシノギを仕上げた。

喰い合う身内

その頃の東京では、シノギを巡って山口組系列の組員同士の対立や喧嘩沙汰がいよいよ問題視されるようになっていた。

そこで大小含めた東京の山口組系列28団体による東京親睦会が結成され、その責任者に竜崎が就くこととなった。過去の実績や東京暮らしの長さから言っても満場一致で竜崎が選出された。

山口組の歴史で、東京親睦会が結成されたのはこれが初めてのことであり、その後も続く東京親睦会の初代責任者が竜崎祐優識であった。

山口組の東京親睦会は、月1回の食事会を開いて、組員同士の親睦を深めて無駄な喧嘩沙汰を防止することがその主な活動内容で、竜崎はその活動やそれにまつわる事務的な活動を効率的に進めるべく、浅草の事務所以外にも台東区上野御徒町にも事務所を開設していた。

上京してからずっと、自分の名前よりも山口組の名を広めることに切磋琢磨して来た竜崎だったが、ここでようやく自分の名前が都内に知れ渡るようになりはじめた。名を馳せることを好む暴力団員としてそれを喜ぶ者もいるが、竜崎自身は決して喜ぶことはなかった。

竜崎の名が知れ渡ることによって、竜崎は『山口組の東京進出第一号』として警視庁から強くマークされるようになった。そして、山口組の東京進出について警戒した警視庁内には山口組担当が正式に設置され、竜崎の御徒町の事務所が『山口組関連施設撤去第一号』として撤去命令を受けて閉鎖となった。

「やっぱり派手なことは慎まなあきまへんな。極道は日向に出たらダメですわ。日陰におってこそナンボですわな」と竜崎は話した。

その後も、竜崎は東京親睦会の責任者としての責務を遂行しながら、東京で展開していた数々のシノギに精を出した。

その頃、渡辺芳則五代目山口組組長が、お忍びで東京・浅草を訪れた。

五代目は栃木県南部に位置する栃木県下都賀郡壬生町の出身で、中学卒業後に東京・浅草の蕎麦屋に住み込みで勤務しながら、地元の老舗的屋組織と関わるようになり、博徒の賭場にも出入りするようにもなっていた。そんな縁で、渡辺五代目にとって浅草という町は、実に思い出深い場所だった。

渡辺五代目がいた頃の浅草は、都内有数の盛り場のひとつで、数多くの飲食店が軒を並べており、落語や演芸など大衆娯楽の中心的な場所だった。

当時、大衆娯楽のひとつとしてストリップが人気を博しており、浅草では今でもその名が轟く浅草ロック座が盛況だった。

戦後間もない1947年に開館した浅草ロック座は、現存する日本全国のストリップ劇場において最大最古と言われており、1971年に宮城県出身の人気ストリッパーだった齋藤智恵子が新社長となってからは全国チェーン展開も行なわれ、その本店であった浅草ロック座はまさに日本ストリップ界の中心地として広く知られていた。

また、この齋藤智恵子は『齋藤ママ』と呼ばれて地元の人々からの人気も絶大で、勝新太郎やビートたけしなどをはじめとした数多くの芸能人への支援をしたことでも知られている。

この齋藤智恵子が、新社長になる前の1960年代初頭『東八千代』の芸名ですでに有名ストリッパーとしてステージに上がっていた頃、彼女は、あるひとりの若者のことを知った。

その若者とは、若き日の渡辺芳則であった。住み込みで働いていた蕎麦屋を辞めた渡辺は、浅草で幅を利かせていた老舗的屋組織である飯島連合会（名称当時）への入会を希望していた。そんなわけで当時の渡辺は、的屋の手伝いをする日々を過ごしていたが、飯島連合会では渡辺の入会を認めず、彼は浅草界隈で凧の糸が切れたような生活を送るしかなかった。そんな渡辺の存在に注目した齋藤智恵子は、渡辺の極道としての素質にいち早く気が付き「こんな場所にいたらダメになるから大阪に行きなさい」と幾ばくかの現金を持たせて渡辺のことを浅草から送り出した。

それから数十年の歳月が過ぎて、渡名芳則は五代目山口組組長となった。渡辺芳則が五代目になれたのには様々な要因があるが、そもそも大阪で極道となれたキッカケは、あの時、浅草から送り出してくれた齋藤智恵子の手助けによるところが大きく、渡辺五代目が、齋藤智恵子に対して感謝の思いを抱いていたのは当然のことだった。

そして、浅草における山口組の認知度が竜崎のお陰で盤石なものとなっていたことを知って、渡辺五代目は恩人である齋藤智恵子にひと目会いに浅草の地を訪れたのだった。側近だけの最少人数で浅草を訪れた渡辺五代目と齋藤智恵子の再会はとても和やかなものだった。その際、浅草ロック座だけでなく全国各地にチェーン展開していたロック座全館を渡辺五代目の出身団体である山健組が無償でお守りすることが約束された。

竜崎が孤軍奮闘しながら長年に渡って浅草で築き上げて来た山口組の代紋の強味は、渡辺五代目の浅草訪問後もなお一層輝くこととなった。

国会議員への貸し付け

バブル時代の景気のよさは、土地神話と呼ばれた土地価格急高騰による経済活況によるところのみならず、ノンバンクも含めた銀行融資の激増や消費中心経済が生み出したインフレ高騰市場の成立なども要因として挙げられる。

各企業の右肩上がりの売上収益の増加に伴なって、毎年のようにボーナスが増加していたサラリーマンたちは企業戦士とも呼ばれ、「24時間戦えますか?」というキャッチフレーズが流行語にもなっていた。

この頃は税金が各政党の活動資金として投入される政党助成法の施行前だったことから、常に多額の政治資金を必要としていた各政党の議員たちは、市議会議員クラスであってもバブル好景気の中で自力によって大金を生み出すべく、あらゆる商取引の現場に顔を出していた。

特に国会議員クラスともなると稼ぎ方もダイナミックで、高額な土地取引や大規模な商取引の仲介元が全国にその名を知られた有名国会議員という商流スキームが組まれていることも多々あった。

大物国会議員であっても、この時代は、まるで事業家のごとく自前でビジネスを展開して政治資金を捻出する必要があった。

そうなると、当時のビジネス手法の例外に漏れることなく、彼らも商売のために今日のカネや明日中に使える資金の用立てに追われることが珍しくなかった。

そんな彼らが、浅草で多額の現金を即時に貸し付けてくれる竜崎の存在を知るのにそう時間はかからなかった。

最初に竜崎の許を訪れたのは、いくつもの大臣職や委員長職を歴任している大物国会議員Mの秘書だった。竜崎は、この秘書から『1億円』の借り入れ申し込みを受けた。

竜崎が無許可の高利貸しということを充分に理解した上での申し込みだったことから、その返済方法については、東京バブルの象徴である10日ごとに1割の利子がつく『トイチ』だと竜崎は考えていたが、それについてMの秘書に確認をしてみると、Mほどの大物国会議員はトイチではなく『トゴ』でやるのが流儀だというのである。

トゴということは、10日後に50%の利子を乗せて返済するか、10日毎に50%の利子分を支払うことを意味する。

つまり、今回は1億円の申し込みなので、トゴでやれば10日後に1億5000万円の戻しか、利子分の5000万円が払われ、また10日後の支払いとなる。

こんな利子率は高利貸しの歴史の中でも破格中の破格である。本当にこんなやり方が実現するだろうか？

貸し付ける相手はメディアなどでその名を日々見ることができるほどの大物国会議員で

ある。そんな人物なら、たかが極道ひとりからした借金を踏み倒すことぐらい朝飯前だろう。カネを手にした後で適当な理由をつけて竜崎のことを警察に逮捕させることも簡単にできてしまうだろう。疑えばキリがなかった。

今のところこのクラスの権力者から竜崎が狙われて潰される理由はひとつもなかった。そもそも政治とは無縁の生活を送っており、警察からは山口組の東京進出第一号としてマークされているとはいえ、上京以来ストイックな活動スタイルを貫いていた竜崎がやすやすと警察に尻尾を掴まれるような落ち度は何ひとつとしてなかった。

だが、まだもうひとつ気になることがあった。都内にはすでに議員にカネを用立てる議員専門の街金融が数軒存在していた。そのどれもが無許可営業の店ばかりだったが、一応、彼らは議員専門を謳っているだけに何かと話が通じやすい。なぜそこで借り入れないのか？

Mの秘書は「新しい借り先でカネを借りたいんです」とだけ説明した。

暴力団員以外にも貸し付けを開始した時に竜崎が目指したことは『一般社会とのコネクションの拡大』と『急ぎのカネに困っている人を救済』だった。

大物国会議員Mの借金申し込みについてはまだ思案する余地が残っていたが、初志貫徹というわけで、秘書を通じてMに1億円をトゴで貸し付けることにした。

それから10日後。竜崎はトゴの利子分が乗せられた1億5000万円を手にすることとなった。たった10日間で5000万円の稼ぎとなった。

そしてMの秘書は、またトゴで1億円の借り入れを頼んできた。前回の借金を綺麗に清算した相手なら次の申し込みを断る理由がないわけで、竜崎は再び1億円を貸し付けた。するとまた10日後にトゴの利子分が乗った1億5000万円がキッチリと返済された。20日間で竜崎は1億円もの利益を得てしまったのである。

「バブル言うもんは、庶民のためやのうて、ホントは彼ら（議員連中）のためにあるんやないかと思ってしまうぐらい、彼らは短期間で莫大なカネを動かしてましたわ」（竜崎）

大物国会議員Mへの貸し付けは秘書を通じてその後も続いた。その頃になると、Mの秘書の紹介で、党首経験もある大物国会議員Tからの借金申し込みも竜崎が引き受けるようになっていた。もちろん、トゴである。

彼らとの円滑な関係が続く中で、竜崎はあることに気が付いた。それは、はじめて貸し付けた時から思っていた「なぜ俺なのか？」という疑問に対する答えのようなものだった。

都内には議員専門の街金融が複数存在していたが、そのひとつひとつを注意深く見てみると、ある店のバックは某国の諜報機関であったり、またある店は新興宗教団体の運営であったり、そこからカネを借り続けていれば、いくらトゴで返済したとしても大物国会議員サイドに〝別の借り〟が生じてしまう。『いつもお世話になっております』というやつだ。また大物国会議員のカネの動きを彼らに突き止められてしまうことだってある。そこには恐らく国家レベルの機密情報に繋がるケースもあるだろう。それだけに既存の議員専門の街金融からカネを借り続けていると、要らぬ面倒事が増える可能性があった。

しかし、竜崎にはそういった心配はなかった。彼は、まったくと言っていいほど政治事には関心がなく、これまで一度も「このカネの使用目的は？」と聞いたことがなかった。こちらは、たんなる極道の高利貸しである。返済期日と約束した内容だけをシッカリと守ってくれればそれでいいのだ。また、彼らに対して政治的なお願い事をしたことも一度もなかった。竜崎は頼まれたカネを淡々と用立てて、返済日になると淡々と返済金額を受け取った。極道である竜崎に無駄口は一切なかった。

MやTにとっても、このスタイルがとてもやりやすかったのだろう。また秘書たちも同じで、彼らは竜崎のことを大変気に入っており「若手議員を紹介しますから自分に5%の紹介料を頂けませんか?」と提案してくるほどだった。

若手議員への貸し付け額は、数百万単位がほとんどだったので、仮に選挙資金などで300万円を貸した場合は、竜崎の懐に入るトゴの利子分が150万円。秘書が手にする紹介料がひとり当たり1回15万円となる。この15万円を竜崎が補填したとしても儲けは充分すぎるほどあった。

こうして竜崎は、若手議員たちへの貸し付けも開始した。相手がまだ駆け出しの若手なだけに毎回トゴというわけにもいかず、トイチや月イチ返済で行なわれる場合もあったが、それでも竜崎の懐には莫大な利益がもたらされた。

こういったやり取りをしているだけでも、竜崎は政界の裏側に相当詳しくなったはずである。いくら竜崎が無駄口を叩かないタイプであったとしても、これだけのやり取りを日常的に行なっていれば、聞きたくないことも聞き、見たくないものを見ることだってある。

この取材中、それについて掘り下げた質問をしてみると、

「彼らは『極道の口の堅さ』をアテにして自分のことを頼ってくれてましたから、そこで知ったことについては墓場まで持っていく義務が自分にはあります。自分の話はできても、言えん話はできません。ですからお話できることはこの辺ぐらいで、これ以上はご勘弁下さい」

と竜崎から丁寧に断られた。長きに渡って山口組の東京責任者を務めた人物だけのことはある。それ以上聞くことができなかった。

世間からカネに汚い暴力団と呼ばれようとも、また自身も暴力団員であるという自覚があるのにもかかわらず、たんなる暴力団とは一味違う伝統的な極道の本質を今も忘れていないその精神は見上げたものである。

竜崎は、極道の高利貸しとして当時の政界の裏金工作活動に深く関わっていた。多い月で10億円以上ものキャッシュを竜崎は扱っていたという。その頃に見聞きしたものが現在の政治に繋がっている部分も多いことだろう。

間違いなく、竜崎も東京でバブル好景気の恩恵を色々と大きく授かったひとりとなった。

1995年1月から政党助成法が施行された。これは各政党の政治活動を金銭的に助成することを目的とした法律で、議員数と得票数の割合で政党助成金（政党交付金）が、毎年1月1日に税金から各政党に対して支給されるものである。2023年時点で、自民党には年間150億円以上、立憲民主党には年間60億円以上が交付されている。

この法律の施行により政治家や秘書たちが経済ブローカーとして各所を歩き回る光景は影を潜め、それまでのような経済事件の数も減った。彼らが竜崎のオフィスにカネを借りに来ることはもうなかった。

第5章　転機

三代目山健組組長保釈計画

1997年。長らく五代目組長秘書を務めていた佐藤邦彦が病死したことで、佐藤組は五代目山口組直参二代目佐藤組として再スタートする運びとなった。

竜崎は、東京親睦会の責任者の席を次の者に託して、二代目佐藤組の東京責任者並びに特別相談役として続投することとなった。ちなみに特別相談役とは、組長と同等の『抗争決定権と全指揮権』を持つ組織内の重鎮を示す。

同じ年の8月。東京港区内の路上で五代目山口組若頭補佐の桑田兼吉三代目山健組組長が、警察の検問を受けた際に、ボディガード役の組員が所持していた拳銃が発見され、桑田組長はボディガード役の組員と一緒に拳銃の共同所持容疑で現行犯逮捕された。

裁判の結果、桑田組長は懲役7年の実刑判決を受けた。組長は直ちに最高裁へ上告したが、東京拘置所に収監されたままで社会不在を余儀なくされていた。

その頃の五代目山口組は、組長に次ぐナンバー2の立場にあった宅見勝若頭射殺事件により、空席となった若頭の新人事問題と向き合っていた。

そのタイミングで五代目山口組内でもトップクラスの有力直系二次団体であった三代目山健組組長の桑田兼吉が長らく社会不在というのは、何かと都合が悪かった。

当時の五代目山口組内では、次の若頭候補に司忍（五代目山口組若頭補佐弘道会会長・当時）の名前が挙げられており、桑田兼吉の名前も挙がっていたものの、当人が長期収監中で社会不在状態が続いているため、決め事をするにも決められないという状況が約5年間も続いていた。

ちなみに当時、司忍五代目山口組若頭補佐弘道会会長も銃刀法違反容疑で逮捕後に起訴されていたが、保釈申請が通っていた。その際の保釈保証金は10億円だった。

そんな中、三代目山健組の東京責任者をしていた鶴城丈二から「桑田組長の保釈が効くかもしれない」という連絡があった。

保釈とは、一定の保釈保証金を裁判所に提出することで、逮捕収監によって身体拘束されていた被告人が一時的に解放され、それ以降は被告人が再度身柄拘束されることはなく、保釈条件を守りながら裁判に出頭すればよいという制度である。判決結果により無罪となった場合はそれまでと同じく自由の身であるが、有罪となった場合はその場で再度収監されて刑務所送りとなる。

もし桑田組長の保釈申請が裁判所に認められれば、拘置所から即時解放されて、桑田兼吉が若頭新任人事の話し合いの場に参加することができる。

鶴城の話では、友人の亀谷直人（五代目山口組直参二代目佐藤組幹部）が検察にコネクションを持っており、そのお陰で「裏から手を廻して桑田組長の保釈を実現できる」とのことであった。

常に様々な犯罪事件と関わっている暴力団員であれば、弁護士だけではなく、警察官や検察官にも顔見知りがいて当然である。人によっては懇意な間柄になっている場合もある。亀谷直人と検察との関係は色濃いものがあった。

大阪高等検察庁の検察官に三井環という人物がいた。庁内で公安部長を務めていた彼は、持ち前の正義感からか、検察内部の裏金資金工作の告発を試みていたが、その最中に詐欺容疑で逮捕され、その後に収賄罪と公務員職権乱用罪で懲戒免職となった。

検察官が現職時代の収賄容疑で有罪判決となったのは史上初で、マスコミ各社は『三井環事件』と題して、この事件の真相は検察庁による裏金資金工作告発を目指した三井環への口封じが本筋であるとして大々的に報道を行った。

　この三井環逮捕時に、検察側に有力な証言をもたらしたのが亀谷直人だった。亀谷はそもそも三井環逮捕のキッカケとなった詐欺容疑に協力者として関わっており、亀谷の証言が核となって三井環が逮捕されたのだった。

　亀谷に言わせれば「自分のお陰で検察は裏金資金工作を告発されずに逃げ切れた」となり、彼には、自分は『検察の功労者』であるという自負があった。

　三代目山健組東京責任者の鶴城の指示で、この亀谷が桑田組長保釈について検察への説得工作をするとなれば、三代目山健組幹部たちや渡辺芳則五代目山口組組長が全面的に信頼してしまうのも無理のない話だった。

消えた2億円

　その説得工作資金として、渡辺五代目山口組組長が直々に用意した2億円が、この説得工作の責任者となった鶴城に手渡された。

鶴城は三代目山健組内から後藤一男（多三郎一家総長）と繁田誠治（繁田会会長）を補佐役に抜擢して、この2億円を亀谷に託して説得工作をさせていく方針だったが、桑田組長の保釈申請は一度も通らないどころか、2度も却下されてしまった。

こうなると鶴城は、説得チームの責任者として三代目山健組から激しく責任追及されるようになった。それに加えてあろうことか、預かっていた工作資金の2億円は跡形もなく消えていた。

三代目山健組から追及された際、鶴城が「2億円は全部亀谷に渡した。亀谷が2億円を使った」と口走ったことにより、亀谷は三代目山健組から命を狙われる羽目になってしまった。

実際のところは、亀谷は鶴城から幾ばくかの経費を持たされて桑田組長保釈の説得交渉を行なったがすべて失敗に終わっていた。検察から言わせれば、五代目山口組の新若頭候補のひとりと目されている桑田兼吉逮捕は暴力団事案としては歴史的な大捕り物であり、有罪確定へ向けて厳重体制で臨んでおり、保釈逃亡や証拠隠蔽のおそれがある保釈を許可することは絶対になかった。

そして、亀谷は鶴城に謝罪をして、預かった経費を全額返金していた。亀谷としては「挑んでみたが駄目だったので、すいません」というわけだった。

元々、亀谷からは100%の保証はなく、ダメもとで挑んでみるがそれでもいいか？という話であったが、亀谷と検察との三井環に関するやり取りを知った鶴城が、いつの間にか100%可能という話にすり替えて、渡辺五代目から2億円を引き出してしまったのだった。そして、そのカネの大半を鶴城が使い込んでいた。

当然、鶴城は三代目山健組や渡辺五代目に対して申し開きができなくなり、あろうことかすべての責任を亀谷に被せたのだった。そして、亀谷は三代目山健組からそのケジメとして命を狙われるようになってしまった。

竜崎も殺れ

その頃、知人から竜崎のもとに一本の電話が入った。

「山健の本部からの通達で亀谷だけでなく、竜崎さんのことも殺れと来てますけど、これホンマでっか？」

東京で二代目佐藤組幹部の亀谷が動いていたとなれば、組長同等の指揮権を持つ二代目佐藤組東京責任者兼特別相談役の竜崎が裏で関わっていたに違いないと考えた三代目山健組からの本部命令だった。

三代目山健組からFAXで通達された命令書には、竜崎の顔写真や組事務所の所在地に関する情報だけではなく、自宅住所、使用している自動車のナンバー、愛人の有無、友人関係の相関図、行きつけの飲食店に至るまで、ありとあらゆる情報が掲載されていた。

「参りましたわ」竜崎はタメ息交じりでそう言った。

東京の暴力団であっても竜崎に関する情報を入手できずに手を焼いていたのに、浅草から500キロ以上も離れた神戸市内に本部を構える三代目山健組が竜崎の情報をこんなにも手に入れていたことについて、竜崎は大きく狼狽した。また、同じ山口組系列の組員として、蛇の道は蛇といったわけで、もうすでに命知らずのヒットマンたちが東京に潜伏していることを竜崎は自然と悟った。

それと同時に、竜崎はとても暗い気持ちにもなった。

この自分が山口組から狙われるとは。

言うまでもなく、竜崎の山口組への貢献度はとても大きい。昔から抗争時にはチャカや軍資金を用意して、懲役に行った者への支援をし、東京でひとり体を張って山口組進出の道を作ったのは竜崎である。山口組の東京進出第一号であり、初の東京責任者でもあった。

バブル好景気に沸く東京の夜の街で浮かれることもなく、派手さを避けてストイックな生活を送り続けて、やっと目標を達成した。もちろん、それは自分のためにもなったが、菱の代紋のために長年に渡って死力を尽くしてきたと大声を張り上げても、誰も否定はしないだろう。その竜崎が、やってもいないことで、山口組から命を狙われたのである。まさに落胆の極みだった。

竜崎は、亀谷をともなって三代目山健組に対して事情説明をすることも考えたが、その時はもうすでに、亀谷が東京駅八重洲口前で鶴城丈二を射殺し、警察に逮捕されていたので、叶わなかった。

竜崎は東京から離れ、神奈川県箱根市内に雲隠れした。箱根は言わずと知れた昔からの温泉街で別荘地としても有名な場所である。

箱根での雲隠れ生活は2ヵ月以上も続いた。竜崎にとっては、ある意味で骨休めにもなったが、気持ちの上では暗いままであった。

物事には様々な行き違いや間違いがある。今回、自分が狙われるようになったのは三代目山健組の明らかな勘違いによるところが大きい。

そして、暴力団員であれば、命のやり取りはツキモノであって、これまで何度もそういう修羅場を潜ってきた竜崎としては、ある意味慣れたものでもあったが、山口組が自分のことを狙うというのが、どうしてもショックだった。

この雲隠れ期間中に、鶴城丈二を射殺した亀谷が殺人罪で懲役20年の刑に服することを知った。長い刑務所務めである。自分に濡れ衣を被せた鶴城のことを射殺した亀谷の気持ちは竜崎にも充分理解できたが、それで懲役20年とは悲しい運命としか言いようがなかった。

消えた2億円については、二代目佐藤組で一旦工面をした。そこには三代目山健組の組員だった故・鶴城丈二への香典としての意味合いも含まれていた。その結果、様々な誤解が解け、竜崎の殺害命令もようやく取り下げられた。

その後、この件で鶴城の補佐役を務めていた三代目山健組の繁田誠治は絶縁後に刺殺され、後藤一男もそれから数年後に神戸市内の路上で刺殺された。

そして、竜崎は再び浅草に舞い戻ったが、気持ちはもう以前とは違っていた。

時代の流れ

はじめて浅草にやって来たあの頃は、仲間たちのために資金源を確保して東京で山口組と竹中組の価値を高めることに必死だった。

そして、再び浅草に戻って来たものの、山口組に命を狙われるという過酷な経験をした後であり、以前の状況との心理的なギャップにより気持ちは暗いままだった。

「もう時代がちゃうんかなぁと思いましたね」と竜崎は話した。

一般社会の理不尽や不条理を嫌って、ヤクザ渡世の性格が色濃く残る暴力団業界に足を踏み入れる者も多い。そこには人種差別や職業差別もなく、意外と自由な風が吹いている。

犯罪行為でカネを稼ぐ者もいる業界なので、常に警察に睨まれた暮らしにもなり、抗争が起きれば殺されることだってある落ち着かない世界でもあるが、カタギ社会とはひと味違った伝統や習慣に触れながらの生活は、どこか人情味に溢れており、これはこれで捨て難いものがあると竜崎は感じていた。

だが、いつの間にか、仲間同士で見栄を張り合ったり、同門同士でどっちの立場が上だ下だと争ったり、日陰商売の極道者が日向にいる一般のカタギ衆よりも偉いとか、カネがあるとかないとか、そんなどうでもいいことが主体となって、まるで自分たちで自分たちの首を絞めあげるかのように不自由な世界を作り出しているのではないかと感じるようにもなった。

故・竹中正久は、

「立場なんか関係あらへん。うちに来るもんはみんな同じなんや」

と常々口にし、組員たちと同じ物を食べ、同じ部屋で語り合った。竜崎にもそんな一面がある。

故・佐藤邦彦は、商売がとても上手かったが、それだけではなく、組員が賭場で作った借金を「親の務めや」とよく肩代わりして払っていた。その後、佐藤がその組員に返済を迫ったことやカネをせびったことは一度もなかった。彼は親の務めを果たして貫いた。竜崎にはそんな一面もある。

故・菅谷政雄は、

「生まれも人種も関係ない。俺たちはそういう仲間だ」

とよく話していた。

「カタギとは仲良くするもんや」と竜崎に諭した山下の兄貴は、この頃すでに暴力団業界から引退していた。

竜崎は、山下の兄貴から教わったことを忠実に守り抜いていきたが、当たり前だと思うことをやればやるだけ、今の時代では、どことなく息苦しさを感じるようにもなっていた。

「潮時を間違えたらあかんわな」と竜崎は思うようになっていた。

竜崎がそう考えていた頃、一連の騒動の中心であった桑田兼吉三代目山健組組長が持病の悪化を理由に引退し、司忍弘道会初代総裁（名称当時）が、長らく空席だった五代目山口組若頭に就いた。

それから間もなくして、渡辺芳則五代目山口組組長が体調不良により引退する運びとなり、２００５年、若頭からの昇格で、司忍若頭が六代目山口組組長に就任した。

この頃は、暴対法がすでに施行（１９９２年）されて久しかったが、２００８年に法改正が行なわれて、法律による暴力団への取り締まりが一層強化された。

そして、竜崎祐優識は、暴力団業界から引退してカタギとなった。

第6章　日向の活動へ

更生とソフトボール

カタギとなった竜崎は、東京都葛飾区内にあった自宅を個人事務所にして、刑務所から出所した元受刑者の社会復帰支援活動をボランティアで行なうようになっていた。

刑務所を出所した者には、身寄りがなく、住む場所も仕事先もない不憫な者が大勢いる。今の時代は、携帯電話がなくては生活にも困ってしまう。

ひと昔前は、そういった者たちの受け入れ先がヤクザ組織であり、彼らはそこで様々な定職に就いて自立した生活を送れるようになっていったが、今では、そういった活動をするヤクザ組織は皆無で、暴力団と呼ばれ、出所者の面倒を見るよりも刑務所を満杯にするほうに大きくなびいている。

竜崎は、不憫な出所者たちにスマホやアパートや職場などを紹介し、彼らが自立した生活を送れるよう熱心に支援活動を行ない、暴力団組織からの脱会者の厚生支援にも積極的に取り組んでいる。

竜崎を訪ねる出所者や脱会者たちは後を絶たず、そのまま竜崎と一緒に自立支援活動に加わる者もいれば、独立して社会復帰後の新たな人生を歩む者もいる。

そんなある日、元警察・防衛官僚で自民党の重鎮でもある平沢勝栄のすすめで、2012年、竜崎のもとに集まった出所者や元暴力団員たちで〝ソフトボールチーム〟を結成することとなった。

このソフトボールチームは竜崎の名前にちなんで『竜友会』と名付けられて葛飾区ソフトボール連盟三部に加盟した。実は竜崎自身が甲子園球児であったことから、ソフトボールチームの活動は本格的なものとなった。そして竜友会は、葛飾区のソフトボール大会に出場するまでに成長した。

結成当初、チームのメンバーの中には、ソフトボールのルールを覚えきれない者もいて、はじめての試合は4対78で大敗した。

競技のことだけを考えたら、ルールを把握できていない者を試合に参加させることはナンセンスでしかないが、竜友会は競技チームではなく、社会復帰を目指す者たちの集まりが母体となっている。健康的にソフトボールの試合に参加することが目的だったので、勝敗に関する試合成績への拘りは薄かったが、しかし、実際の大敗の結果は悔しいもので、甲子園球児である竜崎の指導でメンバーたちは仕事の合間を縫って、熱心にソフトボールの練習に明け暮れるようになった。どことなく、不良高校生たちが野球やラグビーに情熱を燃やして更生していく涙ぐましい熱血スポ根ドラマと重なるものがあった。そして、竜友会では、ソフトボールの練習に気合いが入れば入るほど、社会復帰支援活動にも熱が入っていった。

そして2017年、出所者や元暴力団員たちで構成されている「デコボコチーム」の竜友会が葛飾区のリーグ大会で堂々の優勝を果たした。あの大敗を経験してから6年越しの快挙だった。

葛飾区ソフトボール連盟の新飯田千代春理事長は「彼らはリーグに馴染んでいますよ」と竜友会のことを高く評価している。

また竜友会が参加することにより、葛飾区内の各ソフトボールチームでは、社会的な『偏見』や『差別』を見直す機会を改めて持つようになり、健全で純粋なスポーツ環境を育むいいキッカケにもなったそうである。

リーグ試合で対戦するチームは、同じ葛飾区ソフトボール連盟に加盟しているチームで、デコボコチームの竜友会にも臆することなく、どのチームもスポーツマンシップの名の下に全力で対決してくる。

「平沢勝栄さんからはいいアイデア（ソフトボールチームの結成）を貰いましたよ。厚生支援や社会復帰活動をしてましたが、最初はせっかく仕事を紹介してもそれだけじゃ暇になって休日を持て余すようになったモンが、結局、薬物や窃盗をまたやり出して刑務所に逆戻りなんてこともありましてね。

そこら辺をどうしたらええんかなと考えとったんですが、ソフトボールをやり出したら、休みの日は試合や猛練習ですから。クタクタになるから悪いこともうできんでしょ。もうそんな余計なことをしとる時間もないでしょ。自主練してるモンもいますしね。お陰で再犯率がグッと下がりましたよね」と竜崎は笑顔で話した。

竜友会は、多方面で評判を呼び、国内の週刊誌にその活動が取り上げられ、２０２３年にはアメリカ大手紙であるニューヨーク・タイムズの一面を飾るまでとなった。

これを契機に国内の全国紙からも次々と取材を受けるようになり、その後は、ヨーロッパ各国のテレビ局からの取材も殺到している。

「まさかこんな風になるとは思いませんでしたよ。有難い限りです」（竜崎）

様々な報道をきっかけに、サラリーマンや学生たちも竜友会に参加するようになり、今では50人以上のメンバーが集まるようになった。

竜崎は、さらなる支援活動の充実を目指し、有志による親睦会レベルだった竜友会を一般社団法人化し、出所者や暴力団からの脱会者たちの社会復帰支援活動とソフトボール活動をより一層充実させ、70歳を越える老体の身となった現在でも、日々、熱心に社会貢献活動に身を投じている。

『山口組の東京進出第一号』という激動の人生を歩んだ竜崎祐優識は、カタギとなった今もなお衰えぬ開拓者精神で、自分と仲間たちの人生を大きく切り開いているのであった。

おわりに

日本では、まだまだ社会的偏見や社会的差別の意識が根強く残っており、出所者や元暴力団員に対して冷たい眼差しが向けられることが多い。元暴力団員と現役暴力団の区別すら分からずに何もかも反社会的勢力だと見なして否定だけを繰り返す風潮もある。

海外では、社会復帰活動は健全な市民活動のひとつであり、社会にとって重要な活動として尊重されているが、日本では文化的にもまだ海外のレベルにまで達してはいない。

暴力団相談の社会的窓口であり、公益法人格の代表的存在として公安委員会が設置した全国暴力追放運動推進センター（通称暴追センター）というものがある。ここでは暴力団被害の相談と市民による暴力団排除活動の支援を掲げてはいるが、暴力団相手には『権力という暴力』で対処する機関でしかなく、その対処法は暴力に対して暴力で対処する暴力団とあまり変わらず、しかも2024年時点でも賛助会員には一口5万円の年会費が課されていることから、一部市民から「それでは暴力団のみかじめ料と大差がないじゃないか」

と疑問の声もあがっている。

暴追センターでは、暴力団からの離脱者に対する社会復帰支援として就職先の紹介などもしているそうだが、実際のところは、各都道府県にある各暴追センターに登録している数少ない企業を機械的に紹介するだけで、現実的に離脱者への支援が達成されているかといえば、そこはかなり疑問の余地が残る。

さらに暴力団から離脱して5年以上経つ者が、今でも反社会的勢力のメンバーであると勘違いされて、賃貸アパートの解約に追い込まれたり、銀行口座の新規開設ができないという深刻な人権問題の相談をしても「アパートのことは不動産業界、銀行のことは銀行業界の規定でやってると思いますから暴追センターでは対応しかねます」という返答を平気でしてしまう。これでは社会復帰支援を掲げる公益法人としては物足りないと言われても仕方がないのではないだろうか。

また全国各地には同趣旨の民間支援団体も無数にあるが、そのすべてが有意義な活動ができているかどうかは不明でもある。

確かに、出所者も元暴力団員も一般人から見れば、元犯罪者であり、そういった元犯罪者の社会復帰支援活動をするにあたっては、暴力団や犯罪に関する知識や経験が必要になるのかもしれない。犯罪を知らず、犯罪者の心理をまったく理解できない者が、元犯罪者の相談に乗ることはやや無理があるのかもしれない。

であるならば本書の最後で紹介した竜崎氏の社団法人は貴重な存在だ。竜崎氏が実際にたどった『山口組の東京進出第一号』という経験は、また別の新たな『第一号』に結実する、大いなる布石だったのかもしれない。

本書の取材を進める過程で、細やかな配慮を下さった山下様、竹中様、原田様、そして、ご協力下さったすべての方々に深くお礼を述べると共に、私自身も、そして、みなさんも『開拓者精神』を持って今後の人生に挑んでみてはどうでしょうか？　みなさまのご多幸とご清勝を心よりお祈り申し上げる所存である。

藤原 良（ふじわら・りょう）

週刊・月刊誌や各種webでアウトロー分野の記事を多数執筆。
マンガ原作も手がける。
万物斉同の精神で取材・執筆にあたる。
著書に『山口組対山口組』『三つの山口組』『M資金』（小社刊）、
『菱の血判』（サイゾー）など

山口組東京進出第一号

「西」からひとりで来た男

2024年3月25日第1版第1刷発行

著　者　藤原良

発行人　森山裕之

発行所　株式会社太田出版
〒160-8571
東京都新宿区愛住町22 第3山田ビル4F
電話03（3359）6262
振替00120-6-162166
ホームページhttp://www.ohtabooks.com/

印刷・製本　株式会社シナノ

ブックデザイン　長久雅行

編集　ゼットン合同会社

ISBN978-4-7783-1917-5　C0036